눈물도
빗을
만나면
반짝인다

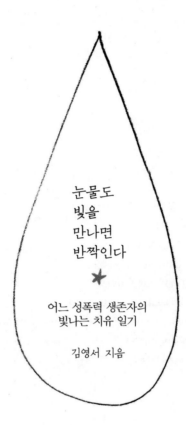

눈물도
빛을
만나면
반짝인다

어느 성폭력 생존자의
빛나는 치유 일기

김영서 지음

이매진

눈물도
빛을
만나면
반짝인다
어느 성폭력 생존자의 빛나는 치유 일기

- 지은이 김영서

- 펴낸곳 이매진 • 펴낸이 정철수

- 초판 처음 찍은 날 2012년 8월 10일

- 개정판 처음 찍은 날 2020년 3월 8일 • 개정판 여섯 번째 찍은 날 2022년 1월 10일

- 등록 2003년 5월 14일 제313-2003-0183호

- 주소 서울시 은평구 진관3로 15-45, 1018동 201호

- 전화 02-3141-1917 • 팩스 02-3141-0917 • 이메일 imaginepub@naver.com

- 블로그 blog.naver.com/imaginepub • 인스타그램 @imagine_publish

- ISBN 979-11-5531-114-1(03300)

- 이 책은 2012년에 출간한 《눈물도 빛을 만나면 반짝인다》의 개정판입니다. 저자가 용기 있게 본명을 밝혔지만, 본문에 실린 추천 글에는 필명을 그대로 뒀습니다.

- 이매진이 저작권자하고 독점 계약을 맺어 출간한 책입니다. 무단 전재와 복제를 할 수 없습니다.

- 환경을 생각하는 재생 종이에 콩기름 잉크로 인쇄한 책입니다.

- 값은 뒤표지에 있습니다.

- 이 도서의 국립중앙도서관 출판시도서목록(CIP)은 서지정보유통지원시스템 홈페이지 (http://seoji.nl.go.kr)와 국가자료공동목록시스템(http://www.nl.go.kr/kolisnet)에서 이용하실 수 있습니다(CIP 제어 번호: CIP2020008174).

차례

출발하는 김영서

개척자

얼마 전 제 책을 읽은 적 있다는 내담자를 만났습니다. 그 여성은 제 책 속 '은수연'만 알 때는 '아, 이 사람은 강해서 이런 일을 겪고도 잘살 수 있었구나' 했답니다. 저를 몇 번 만난 뒤에 그렇지 않다는 걸 깨달았다고 말해줬습니다.

"선생님을 만나면서요……평범하고, 부드럽고, 그래도 할 수 있는 거구나, 그럼 나도 할 수 있겠구나, 싶더라구요."

저도 모르게 울컥했습니다. 이 땅에서 살아가는 많은 여성들이 흘린 눈물에 이런 용기를 잔잔하게 불어넣고 싶었는지도 모르겠습니다. 처음 작은 책을 쓸 때, 저는 제가 살아온 삶의 무게를 잘 몰랐습니다. 여러분이 살아온 삶처럼 제게는 그저 일상이었으니까요.

제 책을 읽고 마음뿐 아니라 몸도 아팠다는 말을 많이 들었습니다. 다른 사람이 볼 때 아프고 힘들고 무거운 삶이었을지 모르지만, 그 삶을 살아낸 저는 여러분하고 똑같은 평범한 사람입니다. 유난히 강하거나 기골이 장대한 '센 언니'를 상상한다면, 길거리에서, 카페에서 절대로 저를 알아보지 못하실 겁니다. '미투' 열풍이 불던 시절에도 저는 상처를 이겨낸 용기 있는 여성들을 숨죽여 응원했으니까요.

2012년에 이 책을 낸 저는 처음으로 목소리를 낸 친족 성폭력 피해자이자 생존자 '은수연'으로 살았습니다. 이제는 그 꼬리표 없이 '김영서'로 살겠습니다.

김영서라는 이름으로 개척자의 삶을 살려 합니다. 제가 처음으로 이런 방식의 미투를 한 사람이라는 뜻은 아닙니다. 그저 저처럼 작고 평범한 사람도 자기만의 색깔을 내면서 '상처 입은 치유자'로 담담하게 살아가는 모습을 보여주고 싶습니다.

뮤지션 양방언의 〈프런티어Frontier〉를 무척 좋아합니다. 그분의 음악 속 개척자는 결연하거나 무지막지해 보이지 않습니다. 저만의 느낌일 수는 있겠지만, 가볍고, 경쾌하고, 부드럽고, 살짝살짝 웃으며 함께 걸어보겠냐고 손도 쉽게 내밀어줄 듯한 '보드라운 개척자'가 그려지거든요. 저는 그런 '개척자' 이미지로 여러분에게 손 내미는 '김영서'이고 싶습니다.

출발

2019년 11월 24일, 김동률 가수가 연 콘서트에서 〈출발〉을 새롭게 들었습니다. 제가 이 노래를 참 좋아합니다. 눈물이 흘렀습니다. 새로운 출발을 앞두고 두려운 마음을 달래고 싶어 간 공연이라 더 그랬나 봅니다. 정도 들고 익숙하던 '은수연'을 보내고, '김영서'로 새롭게 출발하기로 마음먹으니 온몸이 한기가 든 듯 떨리기도 합니다.

'은수연'이라는 이름으로 책을 낸 뒤 지금까지 '은수연'으로 지내면서 저를 보호했습니다. 이번에 '김영서'가 된 뒤에도 일상에서 잘 보호받기를 바라면 욕심일까요? 별의별 고민을 다 했습니다. 동네 단골 카페나 슈퍼마켓에 편하게 갈 수 있을지 궁금합니다. 버스나 지하철을 마음 놓고 탈 수 있을까 싶어 살짝 걱정도 됩니다. 그래도 아주 멀리, 아주 높이 가보고 싶고, 언덕도 넘고, 숲길도 헤치고, 끝없이 이어진 길을 천천히 걸어가 보고 싶습니다. 그러다 멍도 때리고 싶고, 길을 잃게 되더라도, 이 길의 끝에서 깨닫고 느끼게 될 새로운 삶의 느낌을 기대하며, '김영서'로 새롭게 출발하고 싶습니다.

악은 사라졌지만

새로운 출발을 하는 데 중요한 일이 작년에 일어났습니다. 2019년 1월 22일, 제 휴대폰 일정표에는 이런 기록이 저장됐습니다. '악이 사라짐.' 아빠라는 사람이 죽었습니다. 딱 맞는 단어를 찾을 수 없어 사실만 적었습니다. 그 사람이 죽고 한 달쯤 지난 때였습니다. 버스를 타고 한강을 건너던 어느 나른한 오후, 가슴 깊은 곳에서 뭔가 툭 하고 떨어지는 느낌이 들었습니다.

'그 사람에게서 나를 지켜줄 사람은 없어도 되겠네.'

뼛속 깊은 곳에 자리잡은 두려움이 완전히 걷히는 듯했습니다. 대학교 1학년 여름부터 혼자 나를 지켜오면서 늘 '아빠라는 사람'에 맞서 나를 지켜줄 누군가가 필요하다고 생각했나 봅니다. 그 사람이 죽고 나서야 뒤늦게 그런 사실을 깨닫고 안도의 한숨을 내쉬는 제 영혼을 만난 뒤 조금씩 용기를 내게 됐습니다.

'은수연'이랑 작별을 해볼까?

이 생각을 할 때까지 참 중요한 사람들을 만났습니다. 북 콘서트나 강연장에서 마주한 많은 독자와 청중입니다. "부모가 잘못을 하면 부끄러운 줄 알고 가려주고 그래야지, 이런 걸 부끄러운 줄 모르고 떠들고 다녀?" 이렇게 말하는 할아버지가 있었습니다. "작가님 책을 읽고, 힘을 내어 살 수 있게 됐어요." 이런 말을 건네는 피해 생존자도 만났습니다.

그런 사람들을 만나면서 저는 조금씩 단단해졌습니다. 아빠라는 사람이 이 세상에서 사라진 지금, 저는 새로운 방식으로 미투를 하고 싶어졌습니다. '미투조차 어려운 친족 성폭력'이라는 타이틀을 걷어내고, 친족 성폭력 피해자들이 조금은 편하게 자기 이야기를 하면서 세상의 빛 속으로 걸어 나올 수 있게 말입니다.

'친족성폭력 공소시효 폐지를 위해 말하는 사람들 모임 ― 공폐단단'으로 모인 친구들이랑 친족 성폭력 공소 시효를 폐지하고 피해자들을 힘들게 하는 편견과 오해를 없애는 활동을 시작하려 합니다. 그런 작은 목소리에 힘을 보태려 합니다. 저는 '은수연'이라는 필명을 '김영서'라는 본명으로 바꾸고 저를 이 세상에 드러내기로 했습니다. 이제부터 있는 힘껏 말하고 다닐 작정입니다.

'친족 성폭력 공소 시효 폐지'를 입 밖으로 내는 데 25년이 걸렸습니다. 지금까지 말하지 못해서 서글프고, 지금이라도 말할 수 있어 기쁩니다. 가해자인 친부하고 산 시간보다 더 긴 시간을 살아내고 나서야, 가해자가 죽고 나서 1년 정도 시간이 흐르고 나서야, 가해자의 부재가 확실하게 느껴지는 지금, 겨우 제 목소리로 말할 수 있게 됐습니다.

그 사람이 세상에서 사라졌어도 가족 관계는 계속 남아 있습니다. 제게 새겨진 폭력의 기억은 그 사람이 세상에 존재하지 않는 지금도 존재합니다. 그 사람은 죽은지 몰라도, 그 사람이 저지른 범죄는 지금도 살아 있습니다. 악은 사라졌지만, 여전히 악은 존재하기 때문입니다.

더 넓은 세상에서 당신을 만나고 싶습니다.

고맙습니다.

수연의 힘과 용기,
세상을 바꾸다

이미경 한국성폭력상담소 이사

"수연이 책을 내요!"

막 탈고한 두툼한 원고를 받아든 저는 가슴이 먹먹합니다. 글자 한 자 한 자에 수연의 생존과 치유, 그리고 희망의 역사가 깃들어 있기에 이 책이 제게는 더욱 특별하고 소중하게 여겨집니다.

1994년 10월, 대학교 1학년이던 수연을 처음 만났습니다. 수연은 초등학교 5학년 때부터 아버지에게 지속적으로 성폭력 피해를 입어오다 '집'을 뛰쳐나와 상담소의 쉼터인 '열림터'에 왔지요. 그때부터 수연과 저는 한국성폭력상담소 활동가와 내담자로, 인생 선후배로, 직장 동료로, 그리고 벗으로 함께 걷고 있습니다. 그렇게 한 해 한 해가 지나면서 저는 스무 살 수연이 불혹의 나이를 바라보며 생의 한가운데로 들어설 때까지 변화를 지켜볼 수 있었습니다. 우리네 일상이란 나이가 들어가면서 사고의 지평이 넓어지는 듯하면서도 한편으로는 한없이 편협해지기도 하지요. 수연도 이런 이치를 거스르지 않고 치러내고 있습니다. 오히려 수연의 경험과 민감한 인권 감수성은 수연이 다른 사람들보다 몇 배로 치열하게 고민하며 살아가게 하는 것 같아요.

수연은 솔직하고 당당하며 어떤 때는 엉뚱하기도 합니다. 친족 성폭력 피해자로서 자신의 고통과 분노, 슬픔을 굳이 숨기려 하지 않습니다. 때로는 '뜨거운 불이니 제발 피해 가라'고 친구들이 조언해도 과감히 도전해서 온몸으로 그 삶을 대면합니다. 그래서 더 상처받고 아파하기도 하지만, 불가능하다고 여긴 것들을 하나하나 자신의 성과로 쌓아가는 놀라운 생명력을 갖고 있습니다. 친구들은 수연의 변화무쌍한 나날을 가까운 곳에서, 또는 거리를 두고 보면서 미운 정 고운 정 쌓아가고 있지요. 때로는 수연에게 투덜대기도 하면서 말이죠. 그러나 그런 건 수연의 분투에 견주면 너무나 작은 문제라는 사실을 잘 알고 있습니다.

많은 사람들이 저에게 '20여 년 동안 참 힘든 일 한다'며 위로와 격려를 해줍니다. 그러나 정작 저는 반反성폭력 운동 현장과 거기서 만난 성폭력 피해자들에게 참 많은 빚을 지고 있다고 고백해야겠습니다. 특히 오랜 기간 가까이 지켜본 수연은 제가 왜 이 운동을 하는지를 수없이 반문하고 돌아보게 합니다. 또한 '피해자'라는 단어와 '치유'의 의미가 얼마나 싶고도 복잡하게 얽혀 있는지 뼈저리게 느끼게 합니다.

수연이 가해자인 아버지와, 자신의 피해를 알고도 묵인한 가족들에게서 벗어나 혼자서 삶을 꾸려가면서 부단히 노력한 일 중 하나가 자신을 위한 투자였습니다. 이 책도 '치유를 위한 글쓰기'를 시작한 게 계기가 됐지요. 수연은 글 쓰는 과정을 통해 자신의 내면에 쌓인 분노를 표

13

출하고 털어냈습니다. 그 과정 또한 지난한 고통의 연속이기 때문에 몇 번의 고비에 직면해야 했고, 곁에서 보기에도 많이 안쓰러웠습니다. 그 매듭을 수연의 방식대로 풀어가며 써내려간 글을 상담소 소식지인 《나눔터》에 연재하게 됐지요. 수연의 글은 회를 거듭할수록 《나눔터》의 가장 인기 있는 코너가 됐답니다. 연재를 마치고 수연이 이 글을 단행본으로 출판하겠다고 했을 때 저는 한국에서 이 책이 갖는 의미에 고무돼 수연을 응원했지요. 이미 외국에는 자신의 경험을 글로 써서 다른 생존자에게 실제적인 지침이 될 뿐 아니라 학문적인 기여도 하는 책이 있는데, 한국에는 아직 그런 책이 없잖아요. 그러나 막상 책으로 출간됐을 때 수연이 예상하지 않은 어려움에 처하면 어떡하나 염려가 되기도 합니다. 실명으로 책을 내겠다고 하던 수연도 이것저것 고려하는 과정에서 지금처럼 '수연'이라는 필명으로 독자들 앞에 서게 된 것이지요.

수연은 이 책의 마지막에서 아버지에게 '용서'의 편지를 쓰고 있습니다. 그렇다고 수연이 성폭력 피해에서 완벽하게 벗어났다거나 정답을 찾았다는 뜻은 결코 아니라고 이 책은 차분하게 말하고 있습니다. 오히려 앞으로 또 어떤 소용돌이 속에서 분투하게 될지 알 수 없지만, 결코 겁내지 않고 견디며 살아내겠다는 수연의 다짐이 느껴지지요. 수연이 이렇듯 책을 탈고하는 것은, 여기가 끝이 아니라 잠시 쉬었다가 또 갈 길을 찾아 나서는 일이라는 사실을 압니다.

우리는 피해자들을 생존자survivor라고 부르고 있습니다. 그 사람들은 나약하고 수동적인 피해자가 아니라, 치유를 향한 용기와 지혜, 그리고 좌절과 희망을 반복하면서 누구보다 질긴 생명력과 인간의 존엄성을 갖고 있기 때문이지요. 수연은 이 책에서 성폭력 피해 생존자의 다양한 대응을 거침없이 보여줍니다. 이런 생생하고 치열한 삶의 궤적은 순간순간 저에게 가슴 뭉클한 감동을 넘어 한 명의 사회 구성원으로서 성폭력 없는 세상을 만들어가야 할 사회적 책임을 느끼게 합니다. 무엇보다 독자들과 소통하면서 그동안 고단하던 수연의 몸과 마음이 좀더 편안해지기를 바랍니다. 마지막으로 사랑하는 친구 수연이 펼쳐갈 내일에 온 마음으로 축원을 드립니다.

끝이 없는 고통은 없다

이 책을 집어든 그대에게 하고 싶은 말이 있다.

일단 이 프롤로그부터 읽어본 뒤 마음의 준비가 되면 계속 읽어나가기를 바란다.

이 글은 캄캄한 어둠과 침묵 속에서 괴물로 변한 아빠가 어린 딸을 사람으로 대하지 않던 시간들에 관한 기록이다. 책을 펼치면 주먹질, 발길질, 다양한 욕지거리, 강간의 끝장 같은 장면들이 쏟아질 것이다. 읽는 일이 힘든 정도를 넘어 당신도 모르는 사이 눈물이 쏟아질 수도 있다. 심지어 구토가 나올 수도 있다. 내가 겪은 일인데도 기록된 내용을 읽으면서 울기도 많이 울었고, 묘사된 그때가 떠올라 토가 나올 정도로 힘들기도 했다.

이 책은 4년 넘게 한국성폭력상담소 소식지에 매달 연재한 글을 모은 것이다. 성폭력 피해를 겪고 살아가는 사람들에게 도움이 되면 좋겠다 하는 작은 바람으로 시작한 글이다. 그런데 돌아보면 다른 누구도 아닌 나 자신에게 가장 큰 도움이 됐다.

"다른 사람한테 말하면 죽여버릴 거야." 그 사람의 말은 거짓이라는 것을 깨닫게 된 순간, 사실을 말하면 죽게 될지도 모르는 건 내가 아니라 '그 사람'이라는 것을 알게 된 그 순간은, 내가 집에서 아빠에게 겪은 일을 한 사람 두 사람 외부인에게 말하게 된 때였다. 그 과정에서 내 잘못이 아니라는 것을 알게 됐고, 아빠가 하는 짓이 무엇인지도 알게 됐다. 그리고 그 짓은 벌을 받고, 감옥에 갇히고, 사회적으로 '아빠가 죽일 놈'이 될 짓이라는 것도 알게 됐다.

그런데 말하기를 시작한 나는 조금씩 지쳐갔다. 이 사람 저 사람 붙들고 말하는 것도 지치는 일인데, 친하다고 생각하는 사람들에게 이야기하면서 내 말하기가 어떤 의도를 갖고 있는지 나 자신도 헛갈렸기 때문이다. 내 상처를 말해야 진짜 친구가 되는 것 같고, 내 상처를 통해 나를 이해받고 배려받으려 하는 것 같아 언제부터 말하기가 구차하게 느껴졌다. 그때쯤부터 글쓰기를 시작했다. 《안네의 일기》처럼, 《죽음의 수용소에서》처럼 기록하고 싶다는 욕심이 생겼다. 나를 이해받으려는 게 아니라 고통 그 자체를 그냥 기록해두고 싶었다. 글로 남겨두지 않으면 나도 잊을 것 같고, 내가 알리지 않으면 사람들은 전혀 알지 못할 것 같았다. 성폭력 중에서도 특히 친족 성폭력 피해가 남기는 아픔의 깊이와 그 남다른 고통을 당한 사람이 아니면 어떻게 알 수 있을까. 내가 경험한 것을 개인의 불행한 기억으로 사라지게 하고 싶지 않았다.

★

얼마 전 영화 〈도가니〉를 봤다.

"다른 사람한테 말하면 죽여버릴 거야."

"우리 가서 씻자."

내 기억에 또렷하게 박힌 말들이 영화에서 흘러나왔다. 성폭력 가해자들을 위한 매뉴얼이 있는 게 아닐까 싶을 정도로 빼닮은 가해자들의 표정과 대사들. 아빠 같은 사람이 세상에 또 있구나 하는 생각에 살짝 겁이 났다.

그런데 그 심각하고 힘든 내용의 영화 〈도가니〉가 흥행에 성공했고, 일명 '도가니법'이 만들어졌다는 말을 듣고 용기가 났다. 자신의 일이 아니어도 함께 분노하고 마음과 관심을 모아내는 우리 사회를 아주 가까이 보는 느낌이 들었다. 또한 〈도가니〉 이야기 속에서 가해자들에 맞서 피해자들을 지켜주고 도와주는 사람들, 그리고 이유 없이 당한 상처를 딛고 성장해가는 아이들을 보면서 답은 결국 '사람'이구나 했다. 그런 희망이 되는 '사람들'에게 다가가려고, 그런 희망이 돼보려 손 내밀고 싶어 이 책을 세상에 내놓기로 했다.

'이제는 내 이야기를 좀 해봐도 안전하려나. 이젠 내 속에만 담아두던 힘든 이야기를 보고 들으며, 함께 아파하고 그 답답함이 풀어지기를 바라는 마음들이 있는 세상인가 봐.'

응어리진 가슴이 조금씩 풀려가면서 〈도가니〉 속 아이들이 가진 '나도 다른 사람들처럼 소중한 사람이구나. 나도 다른 사람들 도와주는 사람이 되고 싶다'던 그 마음을 나도 조심스레 품어본다. 상처가 깊은 사람들에게 조금이나마 힘이 될 수 있는 글이면 좋겠고, 그 사람들을 돕는 이들에게도 도움이 되는 글이기를 바란다. 사실 이 글을 쓰면서 나는 참 깊이 있는 치유의 길을 걸어올 수 있었다. 어쩌면 책으로 출판하는 과정은 한 단계 성장하는 시간이 될 수도 있겠다. 나에게 일어난 그 일이 더는 나를 망치지 못하고 부끄럽게 할 수도 없다는 것을 다시금 확인하게 될 테니까.

필명을 선택했다. 가까운 사람들에게는 출판 소식을 전할 것이다. 하지만 모든 사람들에게 내가 누구이고 어떤 상처가 있는지 보여주고 싶은 것은 아니라는 점을 밝혀두고 싶다. 심각한 사회 문제인 성폭력의 깊은 상처를 공유하고 싶었다. 그리고 성폭력을 대하는 사회적 편견이 조금 바뀌기를 바랐으며, 지금까지 무사히 살아온 내 이야기를 통해 성폭력을 당해도 극복할 수 있다는 것을 보여주고 싶었다. 하지만 내가 사는 동네, 내가 일하는 곳에서 내 상처 때문에 이해나 배려, 수군거림의 대상이 되고 싶지는 않다. 나는 공인으로 살아갈 마음의 준비도 전혀 돼 있지 않다. 지극히 평범한 일상을 꿈꾸는 나로서는 필명이 조금 더 편할 것 같았다. 또한 내가 처음 집을 나올 때에 견줘서는 성폭력 피해에 관한 한국 사회의 인식이 좀더 성숙해졌지만, 아직도 변화하는 과정 중이라 성폭력 피해자들이 모자이크를 치워버리는 데는 조금 더 시간이 필요한 것 같다. 나 자신과 내 주변 사람들을 불편하게 하고 싶지 않아, 평소에 예쁘다 생각한 이름을 사용하기로 했다. 나는 이 글을 통해 성폭력이 주는 끝 모를 아픔과 통증, 그 더러운 느낌들을 고스란히 기록하고 싶었다. 또한 거기에서 벗어나려는 인간의 노력도 담고 싶었다.

이 책은 보기만 해도 힘든 오지 탐험 다큐멘터리 같을 수 있다. 너무 힘들고, 고통스럽고, '인간이 이런 짓을 하거나 겪어낼 수 있다는 말인가' 하는 마음에 책을 던져버리고 싶을 수도 있다. 그러나 이 책을 덮을 때 당신이 알게 되기를 바란다.

견뎌내지 못할 아픔은 없고, 끝이 없는 고통은 없다는 것을.

1장

문이
닫힙니다

"막내야, 누나 장 보다 빠트린 거 있거든. 금방 사올게."

지하상가로 내려가는 척하며 뒷문으로 빠져나와 택시를 탔다.

"아저씨, ○○역으로 가주세요, 빨리요."

오늘은 내가 가진 옷 중 수머니가 가장 많은 옷을 입었다. 주머니에는 신분증, 차비, 통장, 도장을 담았다. 그 옷은 내 가출을 위한 구명조끼 같아 지금도 소중히 보관하고 있다.

지난번 가출 이후 그 사람은 나를 집에 두고 외출할 때는 밖에서 문을 잠갔다. 모든 창문에는 감옥 쇠창살 같은 방범창을 쳤다. 1층밖에 안 되는데. 몇 번의 가출 이후 그 사람의 감시는 심해졌지만 나는 더 치밀하게 탈출 계획을 세웠다. 혼자 집에 갇혀 청소를 하다가 방바닥에 뒹굴던 책에서 가출 청소년 쉼터에 관한 글을 읽었다. 일부러 외우지도 않았는데 쉼터 전화번호가 눈동자에 박혔다. 먼저 나가 살기 위한 최소한의 '내 것'을 모았다. 늘 가지고 다닐 수 있을 정도의 물건들을 외출할 때마다 가지고 다녔고, 기회를 엿봤다. 오늘, 바로 지금이 그 기회다. 그 사람이 나와 동생에게 장을 보게 하고 잠시 우체국에 볼일을 보러 떠난 이 짧은 시간. 내 가슴은 쿵쾅거렸다. 그동안 반복된 가출과 다시 잡혀오기의 사슬을 끊어버릴 것이다. 이번에는 반드시.

　말이 가출이지, 내게 이곳은 이제 집이 아니니까 탈출이 맞겠다. 그 사람의 침대는 성폭력 형틀 같다. 징그럽고, 더럽다. 걸핏하면 주먹질과 발길질이 난무하는 집구석은 끔찍하다. 지난번 가출은 준비가 부족했다. 차비만 조금 있을 뿐 아무 정보도 없어 겁이 많이 났다. 뉴스나 신문에서 보는 인신매매를 당할까 겁도 났다. 초등학교 때부터 성폭력을 당하며 살아왔는데, 집 나가 성매매를 하게 되는 것은 아닌지 무척 두려웠다. 지난번 탈출은 그 사람이 대낮에 뻗어 자고 있을 때 시도했다. 성폭력을 하고 난 뒤 잠이 든 그 사람을 보며 부엌으로 가 식칼을 꺼내 들었다. 그냥 불뚝 튀어나온 배를 푹 찔러도 그 사람은 계속해서 아무 일 없다는 듯 자고 있을 것 같다. 그러니까 하나밖에 없는 딸을 성폭력하며 살겠지. 찌를까 말까 고민하던 나는 내 손에 그 더러운 피를 묻히고 싶지 않아서, 그리고 제대로 못 찔러 잠만 깨운다면 내가 죽겠다 싶어 칼을 도로

서랍에 넣고 집을 나섰다. 한적한 시골 동네에 살던 나는 사람들이 다니는 길로 도망가면 그 사람이 잡으러 올 것 같아, 야산을 가로질러 동네 사람들 눈에 안 띄게 도망쳤다. 조금만 부스럭거려도 뒤에 그 사람이 따라오는 게 아닌가 싶었다. 숨이 차도 달리고 또 달렸다. 동네 사람들 눈에 띄어도 안 된다. 동네 사람들은 아무도 모른다. 그 사람이 좋은 아빠인 줄 안다. 아무튼 나는 차가 다니는 큰길까지 들키지 않고 도망가야 한다. 그 사람이 차라도 끌고 나와 나를 찾기 시작하면 잡힐 수 있기 때문에, 가능한 멀리 도망가 지나가는 차에 도움을 요청해야 한다. 야산을 여럿 넘고, 밭고랑을 가로질러 차를 잡기 위해 큰길가로 나섰다. 마침 지나가는 자동차가 태워준 덕분에 무사히 집은 나왔다. 공짜로 먹여주고 재워주는 기도원에 숨어 지내다가, 겁도 나고 도움이 필요해서 엄마에게 도움을 요청했다. 절대 말하지 않는다던 엄마는 버젓이 그 사람하고 함께 나타나 이 집구석으로 나를 다시 데리고 왔다. 잡혀와서 기절할 때까지 맞고, 또 맞았다. 그때 결심했다. '나는 꼭 나간다. 꼭 여기서 내 힘으로 나간다.'

나는 나름대로 치밀한 계획을 세워 가출을 시도했다. 그러나 가출 시도가 번번이 실패로 돌아가고, 그럴 때마다 매질과 감시의 강도는 높아져만 갔다.

나는 지금, 절대 포기할 수 없다. 이번에는 성공할 것이다. 서울 가는 지하철을 타러 역까지 가야 하는데, 그 짧은 시간 동안 택시 안에서 9년 동안의 성폭력을 확실히 끊어내겠다고 스스로 다짐했다. 가족들도 도와주지 않는 이 감옥에서 나 스스로 탈출할 것이다……. 원망하며 애원하던 삶도 그만둘 것이다.

"아빠, 제발 이제는 하지 말아줘."

이런 부탁도 끝이다. 아빠의 그 짓은 부탁해서 멈추게 할 일이 아니라 원래 하면 안 되는 짓이었고, 감옥에 갇혀야 할 정도의 큰 죄였다.

아니, 이 택시가 이상하다. 아까 그 사람이 일보러 간다던 우체국 앞으로 가는 택시. 나도 모르게 뒷좌석에서 몸을 낮게 숨기며 말했다.

"아저씨 빨리 좀 가요."

차창 밖으로 그 사람의 은색 차가 눈을 번뜩이며 나를 찾는 것처럼 보였다. 택시 아저씨는 이상한 듯 백미러로 나를 보더니 그냥 달린다. 드디어 지하철역에 도착했다. 종착역이자 기점이라 지하철이 문을 연 채 승객을 기다리고 있었다. 나는 그 사람이 잡으러 올까 봐 겁이 나 계단에서 먼 곳으로 지하철 깊숙이 파고들었다. 왜 이렇게도 오랜 시간 문을 열어 두고 있는지, 이제 탈 사람도 없구먼, 얼른 좀 닫아라, 좀 닫으라는 말이다, 빨리 출발 좀 하자. 옆 칸으로 연결된 문이 열리면 혹시라도 그 사람이 타서 나를 찾아다닐 것 같아 섬뜩하기까지 했다.

"문이 닫힙니다."

분명하게 들린다. 드디어 문이 닫혔다.

모든 칸의 문이 다 닫힌지 일일이 확인하고 싶을 정도다. 문이 닫힌다. 천천히 지하철이 움직인다. 눈물이 흐른다.

'자유다!'

자유를 느끼기 시작한 그 순간부터 나는 뭔가를 말하고 싶었다.

요즘은 내가 초등학생일 때하고 다르게 성폭력을 중요한 사회 문제로 인식하는 것 같다. 그런데 기분이 안 좋아질 때가 있다. "어떻게 이런 일이 일어날 수 있을까? 이런 일 당하고도 잘 살아갈 수 있을까?" 이런 반응들이 별로다. 누가 더 충격적이고 끔찍한지, 선정적인지 경쟁이라도 하듯 써내는 성폭력 관련 기사들이 불편하다. 저런 일 당하면 살기 힘들겠다, 정신이 이상해지겠다 생각하는 사회의 편견도 기분 나쁘다. 이런 이야기들을 듣고 있으면, 그럼 친아빠라는 사람에게 성폭력을 당한 나는 어쩌라는 말인가 싶어 마음이 힘들어진다.

성폭력 피해자의 70~80퍼센트가 정신 질환에 걸린다고 떠들어대는 정신과 의사의 말도 상당히 불쾌하다. 소설이나 영화에 등장하는 성폭력 당한 여주인공들을 볼 때도 심기가 불편하다. 그 여자들은 엽기적이고, 침울하고, 어둡고, 우울하게 살면서 연쇄 살인을 하기도 하고, 범죄를 저지르지 않더라도 사람들하고 자연스럽게 어울리지 못한다. 그러다 말미에 가서는 엄청난 비밀이 한 겹 한 겹 벗겨지고 '그 여자는 어릴 적에 성폭력을 당했다'는 이야기로 문제 행동을 이해시킨다.

경험은 사람마다 다르다. 세상이 성폭력을 바라보는 시선만 조금 바뀐다면, 자기가 겪은 일을 스스로 바라보는 시선이 지금보다 편해질 수 있을 텐데 싶다.

성폭력은 분명 한 사람이 겪어내기에 무척 힘든 일이다. 정말 당시에는 고통조차 인식하지 못하고, '살아남아야 한다'는 생각만 들 정도였다. 그러나 피해를 입고도 살아가야 하는 사람들에게 성폭력은 원하지 않은, 예상하지 못하다가 갑자기 날아든 칼에 베인 깊은 상처나 마찬가지다. 그냥 치료가 필요한 상처로 봐주면 좋겠다. 칼자국은 그저 상처일 뿐, 다른 생각은 말아주시기를. 칼자국에서 키워낼 수 있는 다른 상상들도 멈춰주시기를.

상처가 아물려면 몸이 세균에 맞서 싸워내고, 새살이 돋아야 한다. 결국에는 그 칼자국은 몸의 일부로 남게 될 것이다. 흉터가 남기는 하지만, 다시 피가 흐르는 상처로 벌어지지 않고 새살이 차오른다. 새살이 자리를 잡은 상처가 더는 아프지 않은 것처럼, 성폭력이라는 상처도 그렇게 내 삶에 받아들이려 한다. 나는 그런 과정의 하나로 이 글도 쓰고 있다. 성의 문제가 아니라 폭력의 문제로 성폭력을 바라보는 인식이 사회에 자리잡는다면, 성폭력 피해자들이 좀더 마음 편하게 신고를 하고 주변 사람들에게 도움을 요청할 수 있다. 치유의 과정을 걸어가는 길도 한결 편안해질 것이다.

성폭력 피해를 입은 사람들만을 위한 일은 아니다. 끔찍한 성폭력 피해 관련 뉴스를 보고 '나도, 우리 아이도 저런 일 당하면 어쩌지?' 하면서 미리 겁을 집어먹게 되는 사람들도 편해질 수 있을 것이다. 지금처럼 쉬쉬하며 소문날까 두려워하고, 피해 생존자가 수치심을 느끼는 분위기를 바꾸면 성폭력이 주는 상처의 무게감을 조금은 덜 수 있지 않을까? 피해자들이 느낄 가해자를 향한 분노와 피해 상황이 남긴 힘든 기억은 우리가 어떻게 할 수 없다. 그러나 사회 속에서 느끼는 수치심은 피해자들을 바라보는 사회의 시선이 바뀌면 좀더 가벼워질 수 있다. 피해자들이 모자이크와 우스꽝스러운 음성 변조를 벗고, 아픈 상처를 토로하고, 아픔을 극복한 무용담을 나누고, 도움을 요청할 수 있게 되는 날을 꿈꿔본다. 나도 못 해본 그 일을.

다시
지옥으로

천천히 역을 떠나는 지하철처럼 내 몸도 조금씩 그 사람에게서 멀어지고 있었다. 그 짧은 순간, 처음 성폭력을 당하던 날부터 방금 전 지하철로 달려들 때까지 쌓인 기억들이 내 몸 곳곳에서 나에게 말을 걸었다. 그 소리를 들었는지 햇살이 내 등을 포근히 감싸줬다. 주변은 전혀 의식하지도 못했다. 지하철은 나를 위해, 나만 태우고 달리는 탈출용 기차가 돼 달렸다. 소리 없는 눈물이 계속해서 흘러내렸다.

지난번 집안 청소할 때 발견한 가출 청소년 쉼터 전화번호 하나만 가지고 무작정 서울로 향했다. 이제 정말 어떻게 살게 될까 걱정도 되고,

슬프기도 하고, 기쁘기도 했다. 나쁜 짓은 그 사람이 했는데 꼭 내가 죄인인 것처럼 집을 도망 나와야 하고, 엄마도, 외할머니도, 나머지 가족들도 영영 못 보게 되다니 억울하기는 하지만, 이 방법밖에 없다. 지난번 가출하고 잡혀간 때 그 사람이 한 말이 떠올랐다.

"너는 이제 이미 이렇게 된 몸이라 집 나가봐야 좋은 남자 만나기도 틀렸어. 나가봐야 몸밖에 더 팔 게 있겠어?"

그 사람은 자기가 저지른 나쁜 짓 때문에 내 인생은 앞으로 더는 좋아질 수 없고, 자기 손아귀를 벗어나면 더욱더 나빠질 것이라고 세뇌시키려는 듯 말했다. '아니, 나는 너한테 붙잡혀 있으면 더 나빠지고, 더 죽겠어. 개소리 마.' 탈출이 내 지상 최대의 과제가 됐다.

처음으로 혼자 서울을 돌아다니니 장기수가 감옥을 막 나선 것처럼 두렵기도 하고 좋기도 했다. 금방이라도 그 사람이 내 뒤를 따라올 것만 같아 어서 빨리 안전한 장소에 들어가고 싶었다. 지하철을 갈아탈 때도 뒤를 살피고, 뛰다시피 걸었다. 버스를 탈 때도 누가 뒤에 따라오지 않나 계속 신경이 쓰였다. 어렵게 찾아간 가출 청소년 쉼터에서는 포근한 인상을 한 선생님들이 반갑게 맞아줬다. 이름과 나이만 말했다. 내가 당한 일은 말하지 못하고, 그냥 집안 사정이라고만 했다. 구체적으로 이야기하기는 어려울 것 같다고 하니 천천히 이야기해도 된다고 했다. 작은 방에 들어가 방문을 안에서 걸어 잠그고 구석진 곳에 앉았다. 그 사람이 없는 시간과 장소가 주는 편안함이 온몸으로 느껴졌다. 어느새 잠이 들었다.

눈을 뜨니 아침이었다. 다른 아이들은 대부분 나보다 나이가 어렸다. 다른 아이들이 하는 이야기를 듣고, 비디오로 영화도 봤다. 아이들은 서로 왜 집을 나오게 됐는지 이야기했지만, 나는 아무 말도 못 했다. 그냥 어색한 웃음만 머금고 있었다. 농인처럼 말없이 대충 웃고, 다른 아이들 이야기를 들으며 며칠을 지냈다.

하루는 나를 맞아준 선생님이 불렀다.

"영서야, 이제는 선생님하고 이야기도 나누고 그러면 좋겠는데. 그래야 선생님도 너를 잘 도와줄 수 있고."

"아, 네, 그런데……조금만 더 시간을 주세요."

첫 번째 탈출할 때 도움을 청하다가 집으로 돌려보내져 심하게 맞고 그 뒤 감시가 더 심해지는 일을 당한 나는 망설였다. 나 몰래 집으로 연락해 나를 다시 데려가게 할까 봐 겁이 났다. 그것도 겁이 났지만, 그때 나를 집으로 돌려보낸 여자 교수가 한 말이 계속 생각났다.

"그렇게 오랜 시간 이야기를 하지 않고, 도움을 청하지 않았다는 게 이해가 안 되네요. 왜 그 오랜 시간 그렇게 지냈어요?"

나중에 나를 데리러 온 엄마에게는 이런 말도 했다.

"이 아이도 오랜 시간 그 일을 당해서 그걸 즐긴 게 아닐까요?"

진짜 그렇게 말했는지 아직도 궁금하다. 정말 그런 생각을 하는지.

나는 뭔가 대책을 세워놓고 내 이야기를 해야겠다고 생각했다. 고민을 했다. 만약 내가 다시 집으로 잡혀가게 되면 누가 나를 도와줄 수 있을지. 딱히 떠오르는 사람도 없고, 어디에 도움을 청해야 하는지도 몰랐다. 그동안 다른 가족들이라도 그냥저냥 살아갈 수 있게 하려고 경찰에 고소하지 않았다. 그런데 이번에는 아빠가 나를 또 잡아가려 하면 고소라도 해야겠다고 마음먹었다. 나를 도와줄 수 있는 힘을 가진 사람이 누구인지 하루 종일 고민했다. 힘센 사람이 누구일까? 힘이 세면서도 내가 도움을 청하면 도와줄 사람이 누구일까? 경찰, 국회의원, 대통령까지 떠올렸다. 그런데 그런 사람들은 대부분 남자라서 도움을 청하기가 부끄럽고 어려웠다. 순간 '대통령의 부인은 어떨까?' 하는 생각이 스쳤다. 나는 곧바로 영부인이던 손명순 여사에게 편지를 쓰기 시작했다.

편지 내용은 대충 이랬다. 나는 아빠에게 초등학교 5학년 때부터 지금까지 강간을 당했다. 매도 엄청나게 맞아서 죽을 것 같아 도망을 나왔다. 지난번에 도망 나온 때는 다시 잡혀가 죽을 만큼 맞았다. 이제는 다시 잡혀가지 않으면 좋겠다. 앞으로 어떻게 살아야 할지 모르겠지만 대학은 마저 다니고 싶다. 혹시라도 내가 다시 잡혀간다면 제발 도와달라.

앉은 자리에서 5장짜리 기나긴 편지를 썼다. 글로 쓰기만 하고 누가 읽어준 것도 아닌데, 이미 속이 시원해 신기했다. 그게 아마도 첫 글쓰기인 것 같다. 내 이야기를 말이 아니라 글로 쭉 써서 정리한 일이.

다음날 아침 안국동에 있던 쉼터에서 청와대에 가장 가까이 있는 작은 우체국까지 걸어갔다. 거기서 보내면 조금이라도 빨리 편지를 전해줄 것 같았고, 그곳 직원들은 청와대 주소도 알고 있을 것 같았다.

"아줌마, 저기 보이는 청와대 주소가 뭐예요?"

작은 우체국에서 일하는 몇 안 되는 직원들이 모두 나를 쳐다봤다.

"왜요? 무슨 편지 보내나요?"

"아, 그냥 좀 도움이 필요한 게 있어서요. 영부인한테 쓴 거예요. 그런데 그분들이 직접 보시기는 할까요? 직접 읽어야 하는데……."

"글쎄요. 중요한 내용이면 보시겠죠."

'종로구 세종로 청와대'로 쓰면 전해질 거란다. 정성껏 주소를 쓰고 우표를 붙여 직원한테 건넨 뒤, 청와대 주변을 걸으며 간절히 기도했다.

'제발 다시는 그 사람에게 잡혀가지 않도록 도와주세요. 앞으로 잘 살아갈 수 있도록 꼭 도와주세요. 꼭, 꼭.'

편지를 보낸 뒤 쉼터로 돌아와 선생님께 내 이야기를 했다. 청와대에 편지를 쓰고 나니 내 이야기를 하는 것도 훨씬 잘 정리가 됐다. 쉼터 선생님은 도와준다더니 몰래 엄마에게 연락해서 나를 집으로 돌려보낸 예전의 교수하고는 달랐다.

"정말 힘들었겠구나."

그러고는 절대 집으로 돌려보내지 않을 테니 안심하라고 했다. 그리고 내가 당한 일이 '성폭력'이라고 말해줬다. 왜 그런지 모르겠지만 나는 '성폭력'이라는 말이 '강간'이라는 말보다 덜 끔찍했고, 덜 징그러웠다. 이런 반응은 처음이라 낯설기는 했지만, 왠지 모르게 안심이 됐다. 내 힘든 이야기를 듣고, 내 편이 돼 위로해주고, 도와주겠다는 선생님의 말을 들으니 기분이 좋아졌다. 선생님은 성폭력만 전문으로 다루는 상담소가 있는데 나중에 그곳에 같이 가보자고 했다. 그런 곳이 있다는 것을 그날 처음 알았다. 마음이 한결 편안해졌다.

며칠을 더 쉬었다. 청와대에서는 아무런 연락이 없었고, 며칠 동안은 상담 선생님도 그 문제에 관해 말하지 않았다. 일단은 안심이 되기도 하면서, 이제부터 어떻게 돈을 벌어야 공부를 계속하고 혼자 살아갈 수 있을까 걱정이 됐다. 선생님에게 말해 쉼터 근처 지하상가 옷가게에서 아르바이트를 하기로 했다. 선생님도 그런 나를 격려해줬다.

3~4일 아르바이트를 한 것 같다. 집을 나온 뒤로는 늘 아침이 좋았다. 그날도 기분 좋게 가게에 나가 옷을 정리하고 있었다. 그때 갑자기 눈앞에 익숙한 얼굴이 들어섰다. 동생과 엄마였다. 나는 순간적으로 몸을 틀어 옆문으로 도망치려 했다. 거기에는 그 사람이 막고 서 있었다. 다리에 힘이 풀리고, 머릿속이 텅 비어버렸다. 내가 가장 두려워하던 일이 이렇게 기분 좋게 시작한 아침에 벌어지다니. 이제 겨우 안전한 곳에서 쉬며 매맞아 생긴 멍이 가셨는데, 또 저 사람이 나타나다니. 정말 이 자리에서 그냥 죽었으면 좋겠다. 나는 그 사람을 피해 동생과 엄마가 있는 쪽으로 갔다.

"제발 비켜줘."

떨리는 목소리로 부탁했다. 엄마와 동생은 이미 그 사람하고 팀을 짜 나를 잡아가려고 준비한 듯 앞을 막아섰다. 다 죽여버리고 싶고 미친 듯이 소리를 지르고 싶었지만, 목소리가 나오지 않았다. 주인아주머니에게 도움을 요청하고 싶어도 뭐라고 해야 할지 몰랐다. 이제 또 어떤 일들이 벌어질지, 얼마나 더 맞아야 할지, 또 얼마나 심하게 그 짓을 당해야 할지 모르는데, 눈물이 뚝뚝 떨어지는데, 아무 소리도 낼 수 없었다.

"내가 얘 아빤데, 얘가 가출을 해서 데려가겠습니다."

그 사람은 너무도 당당하게 아빠 행세를 하며 나를 끌고 나왔다. 엄마와 동생은 내 곁에 서 있다. 나는 그 자리에 푹 주저앉아 울기 시작했다.

내가 주저앉은 채 안 가려고 하자 그 사람은 내 머리채를 잡아 질질 끌고 갔다. 이러다 정말 다시 잡혀가겠구나 싶어 겁이 났다. 정말 죽기 살기다 생각했는지 내 입에서 큰 소리가 터져 나오기 시작했다. 그 엄청난 비밀이 종로 한복판 지하상가에서 울려 퍼졌다.

"이 사람이 저한테 어떻게 하는지 아세요? 도와주세요. 저 강간하는 아빠예요. 도와주세요!"

순간적으로 그 사람의 주먹이 내 입을 쳤다. 입안에 피가 고였다. 머리채를 잡아끄는 손아귀 힘이 더욱 거칠어졌고, 그 사람은 나보다 더 큰 목소리로 외치기 시작했다.

"내가 애 애비요. 신경쓰지 마! 이게 가출하더니 어느 놈이랑 눈이 맞았는지, 아이구."

누가 물어보지도 않았는데 거짓말에 변명을 늘어놓고 있었다.

주먹은 끊임없이 온 얼굴을 향해 날아왔다. 눈, 코, 입 가릴 것 없이 쏟아지는 주먹은 다른 어디보다도 진실을 말하는 입을 계속 쳤다. 소리를 지를 수밖에 없었다. 도와달라고 계속 외쳤다.

그런데 아무도, 정말 어느 누구 하나 도와주지 않았다. 그 사람은 자신을 아빠라고 했고, 그 '아빠'라는 말 한마디에 머리채가 잡힌 채 얼굴을 주먹으로 사정없이 맞으며 끌려가는, 그것도 강간을 당했다고 큰 소리로 외치는 여자아이를 아무도 도와주지 않았다. 온갖 창피를 무릅쓴 채 강간당했다고, 도와달라고 이야기했는데, 한 사람도 도와주지 않다니.

단 한 사람도. 구경하듯 쳐다보며 지나가는 사람들도, 양옆에서 이런 나를 바라보며 따라오는 엄마와 동생도 그 사람만큼 싫었다. 죽이고 싶었다. 다들 너무 밉다. 왜 나만 이런 일을 당하나, 왜, 왜 이렇게 벌건 대낮에 종로 한복판에서 개 패듯이 맞으며 모든 사람 앞에 강간당했으니 도와달라고 외쳐대도 누구 하나 관심을 보이지 않는 걸까? 나 그냥 이대로 죽어버리면 좋겠다. 정말 그냥 죽었으면, 죽을 수나 있으면 참 좋겠다.

정신이 반쯤 나간 상태여서 어떻게 그곳까지 갔는지 기억이 없지만, 나는 어느 음식점의 작은 방으로 끌려와 있었다. 나를 가장 구석진 곳에 놓고, 세 사람은 내가 도망가지 못하게 하려고 빙 둘러앉았다. 앉아 있을 힘도 없어 겨우 벽에 기대앉았다. 눈물과 콧물이 줄줄 흘렀다. 입안에는 피가 고였다. 그날의 기억은 비릿한 피 맛으로 생생하다.

그 사람과 다른 가족들은 밥을 시켰다. 그 사람은 나를 패면서 질질 끌고 오느라 진이 빠져 배가 고픈 모양이었다. 그런 상황에서도 음식을 시켜 잘만 먹었다.

"내가 저를 어떻게 키웠는데. 매일 차로 실어 나르고. 저거 집 나갔다고 나 살 빠진 것 좀 봐, 저걸 걱정하느라고. 은혜도 모르는 년. 넌 이제 집에 가서 죽었어."

그 사람은 계속 씩씩거리며 욕을 했고, 엄마와 동생은 그 사람의 말에 공감할 수도 없고, 그렇다고 나를 돕지도 못하는 어정쩡한 표정을 짓고 있었다. 나를 괴롭히는 그 사람도 죽이고 싶을 만큼 싫었지만, 엄마와 동생도 꼴 보기 싫었다. 꼭 폭군에게 지배당하는 약자들 중 하나를 희생양 삼아 자신들은 희생당하지 않으려 하는 비겁한 자들처럼 보였다. '더러운 것들, 내가 저놈한테 밤마다 시달린 것 다 알면서 나를 잡아오는데 도와줘? 똑같은 것들.' 이런 생각에 계속 눈물만 흘렀다. 그 사람은 나를 차에 태운 뒤 양옆에 엄마와 동생을 앉혔다. 꼭 죄수를 태우고 가는 경찰들 같았다. 도망 나간 지 보름 정도 만에 다시 그 지옥 같은 집으로 끌려왔다. 내 몸은 벌써부터 습관적으로 고문을 당하던 몸에 새겨진 두려움을 느끼기 시작했다. 짧게 반복되는 근육의 경련, 고문실에 들어서는 기분으로 그 사람의 침실로 끌려갔다. 다른 가족들은 아무 말도 하지 않았다.

처음에는 좋은 말투로 시작했다. 달래보려는 모양이다.

"어디서 지냈어? 어떤 놈하고 붙어먹었어? 또 몇 놈이나 건드렸겠어. 나는 네년 창녀 된 줄 알고 얼마나 걱정했는지 알아? 엄마한테 물어봐. 아주 내가 정신이 나갔어. 거의 못 자고, 계속 너만 찾아다녔어. 헛것까지 봤다니까. 어떻게 해주면 좋겠어? 응?"

나는 입을 꼭 다물고 고개를 숙인 채 가만히 있었다.

"이게 말로는 안 되겠네."

얼마간 좋게 이야기해보려던 그 사람은 허리띠를 풀어 손에 감아쥐고 마구 휘저으며 나를 쳤다. 아팠다. 그래도 나는 소리 내어 울지 않았다. 잘못했다는 말도 하지 않았다. 어차피 나는 어찌되든 다시 나갈 테고, 여기서 더는 살지 않을 것이기 때문에 아무 할 말도 없었다. 때려도 별 반응이 없자 그 사람은 더 화가 난 모양이다. 발로 내 가슴을 퍽퍽 차기 시작했다. 몇 번 세게 가슴을 찼는데, 그 힘이 너무 세서 내 몸이 뒤로 확 밀렸다. 밀리다 그만 서랍장 손잡이에 척추가 부딪혔다. 순간 찌릿하며 기분이 이상했다. 게다가 가슴을 세게 맞은 탓에 숨이 멎어 캑캑거리기도 했다. 숨을 쉴 수 없었다.

"또 쇼하네. 닥쳐, 이년아. 너 오늘 죽어봐라."

멈추지 않고 마구 발로 차는데, 더는 웅크려 앉아 있을 수도 없었다. 방바닥에 옆으로 드러누워 쓰러진 나를 그 사람은 끝없이 짓밟고 걷어 찼다. 가슴께를 잘못 맞으면 지금처럼 숨이 꽉 막혀 죽을 듯이 캑캑거리게 된다. 숨이라도 빨리 쉴 수 있으면 좋겠다 싶을 때였다.

"오늘 수요 예배니까 갔다 와서 다시 보자. 여기 꼼짝 말고 있어. ○○야, 네가 지키고 있어."

말하고 싶지 않았지만, 그 사람의 직업은 목사다. 그 사람은 깔끔하게 옷을 갈아입고 수요 예배를 인도하러 나갔다.

미칠 것 같았다. 오늘 아침만 해도 자유의 몸이었는데, 나는 이제 이렇게 살 수 없는데. 죽을 것 같은 마음을 어떻게 할지 몰랐다. 지금 이런 감정을 느끼고 집에 있을 수는 없었다. 방문 앞에서는 동생이 지키고 있었고, 예배가 끝나면 또다시 그 사람이 들어와 나를 때리며 고문을 시작할까 두려웠다. 갑자기 눈에 책장에 놓인 양주가 확 들어왔다. 그걸 들고 그냥 벌컥벌컥 마셨다. 맨정신보다는 낫겠지 싶었다. 얼마 지나지 않아 둥둥 떠다니는 기분이 됐다. 더욱 분명해졌다. 나는 이제 더는 이렇게 살 수 없는 사람이 됐다.

"그런데 이런 거 물어봐도 되나?"

"뭔데?"

"너희 가족들은 네가 이렇게 당하는 거 알고도 가만 있었어? 엄마도? 좀 이해가 안 돼."

내 글을 읽거나 내 이야기를 들은 사람들이 자주 하는 말이다. 아마 이 글을 읽고 있는 당신도 그런 끔찍한 일을 집 안에서 당하고도 같이 살아가는 나와 우리 가족을 이해하기 어려울지도 모른다. 자연스러운 질문이지만, 친족 성폭력이라는 문제의 특수성을 잘 모르기 때문에 하게 되는 오해라고 생각한다.

나는 초등학교 5학년이라는 어린 나이에 내게 일어나는 일이 무슨 일인지도 모르면서 성폭력을 당하기 시작했다. 그것도 나를 모든 위험에서 지켜줘야 하는 '아빠'라는 사람에게. 지진보다 더 큰 충격이다. 모든 살아 있는 것들을 지탱해주는 땅바닥이 흔들리는 지진은 사람에게 생명의 위협을 느끼게 하는 거대한 공포감을 준다고 한다. 아이들에게 부모는 살아갈 곳, 먹을 것, 입을 것 등 기본적인 생존 기반을 제공하고, 애정을 주고받는 인간관계를 처음 경험하게 하는 땅 같은 존재다. 아이들에게 부모는 땅이고, 신이고, 나를 살아갈 수 있게 해주는 모든 것이다. 그런 존재가 내게 성폭력이라는 짓을 할 때 나는 '이게 도대체 무슨 일이지?' 했다. 그러다 엄마와 가족들도 알게 됐지만, 그 사람의 주먹질과 칼을 든 협박에 다 입을 닫아버렸다. 그때부터 나는 온 가족을 대신하는 희생양이 됐다. 그 사람의 폭력을 잠시 가라앉히는 도구로 이용도 됐다. 온 가족의 삶을 유지하려면 희생돼야 하는 그런 존재.

엄마라는 사람은 워낙 결혼 초부터 계속된 매질에 익숙해지고 무기력해져 있었다. 왜 경찰을 부르지 않나 싶었지만, 그때는 부부싸움으로 경찰에 신고를 하면 '집안 문제'로 여기고 경찰이 집에 오지도 않았다. 엄마는 그런 상황이 계속 반복되면서 신고는 아예 생각조차 못 하게 되고, 내게 일어나는 일도 어디에 어떻게 도움을 요청해야 하는지 전혀 모른 것 같다. 그리고 나중에 이야기를 나누면서 알게 된 사실이지만, 엄마도 죽느냐 사느냐 하는 위협을 계속 느끼며 살아서 딸을 돕는 건 생각조차 하지 못했다. 가족 전체의 목숨을 위협하는 아빠라는 사람하고 살면서 정상적으로 사고하는 능력이 떨어진 것 같고, 문제를 해결할 능력도 잃어버린 듯했다.

친족 성폭력이 일어난다는 것은 그만큼 문제가 있는 가정이라는 말이기도 하다. 그러니 그 사람들에게 비난의 화살을 돌리거나, 너무 이상한 사람 쳐다보듯 하지 말아주기를 바란다. 물론 그렇다고 그런 가족들을 두둔하고 싶은 것은 아니다. 다만 그 상황에 살아보지 않았다면 '정상'

이라는 잣대로 판단하지는 말았으면 한다. 혹시 지금 피해 상황 속에서 가족 중 하나를 희생양 삼아 살아가는 분들이 있다면, 이제 시대가 많이 달라졌으니 적극적으로 법과 사회의 도움을 받으시라. 혹시 당신이 가르치는 학생, 친구, 주변 사람 중에 성폭력을 당하며 살고 있거나 성폭력을 당한 경험 때문에 힘들게 살아가는 이가 있다면 적극적으로 도움을 주기 바란다. 특히 친족 성폭력은 피해를 입은 사람이나 그 가족이 스스로 해결할 수 있는 문제가 아닐 때가 많다. 주변 사람들의 도움이 절실하다.

그리고 부탁이다. 친족 성폭력 피해를 당한 기간이 길다고 해서 피해 생존자들이 그 삶을 허용하거나 즐긴 것은 아니라는 사실을 알아주면 좋겠다. 물론 '뭐 그렇게 당연한 말씀을'이라고 생각하는 사람들도 있을 것이다. 그런데 나를 처음 상담한 교수는 상담학을 가르친다는 사람이 친족 성폭력 피해를 이해하지도 못하고 상담자로서 갖춰야 할 자질도 부족했다. "왜 그렇게 오랜 시간 그 집에서 살았니?" 이렇게 물었다. "다시는 아빠가 너한테 안 그러기로 했으니까 집에 가도 된다." 이렇게 말하면서 나를 집으로 돌려보내 죽도록 맞고, 또 성폭력을 당하게 만들었다. 다시는 이런 일이 없기를 바라는 노파심 같은 거다. 친족 성폭력 피해자들과 피해자 주변 사람들이 내가 경험한 어려움을 또 겪지 않았으면 한다. 친족 성폭력에 관한 오해와 편견을 좀 지우고, 제대로 된 도움을 받을 길들을 찾을 수 있기를 바라며 이 글을 쓴다.

앞으로도 들려줄 이야기가 무궁무진하다. 아니, 유궁유진하다. 그 고통의 시간과 벌인 전투는 반드시 끝이 날 것이기에.

3장

'아빠'라는
사람의 끝

"야, 이년아! 정신 차려!"

수요 예배 목사 놀이를 끝낸 그 사람은 어느새 옷을 갈아입고 고문실이 돼버린 방 안으로 들어와 내 뺨을 후려쳤다. 술을 마시고 정신을 잃듯 잠이 든 모양이다. 술이 그득히 취하니 그 사람이 무섭지 않았다. 내가 뭐라고 말한지는 기억이 나지 않지만 그 사람이 계속해서 때린 것은 기억난다. 신기하게 맞아도 아프지 않았다. 그 사람은 더는 못 참겠다는 듯 때리고 또 때렸다.

"너 나가서 뭘 얘기하고 다닌 거야?"

그 사람은 똑같은 것을 묻고, 또 물었다. 아마도 내가 쉼터나 청와대에 알린 것을 이야기한 게 아닌가 싶지만, 정확하지는 않다. 난생처음 양주를 병째 마셨으니 오죽 취했을까. 그 사람이 나를 때리면 때릴수록 더욱 분명해지는 건, 이제 다시는 이런 삶을 지속할 수 없다는 것이었다. 이제는 안 된다, 더는 이렇게 살 수 없다.

맞아도 아프지 않았고, 욕을 하고 무슨 짓을 해도 전혀 감각이 없는 상태에서 정신을 잃은 건지 잠이 든 건지 모르겠다. 전날 끌려올 때 입고 있던 옷 그대로 잠이 든 나는 여기저기 얻어터진 얼굴과 욱신거리는 몸으로 눈을 떴다.

그 사람은 아침부터 바쁘게 전화를 하고 있었다.

"거기 대한항공이죠? 제주도 가는 비행기표 좀 사려고 하는데요. 네? 없다고요?"

여기저기 전화를 더 해보더니 이제는 기차표를 구하려고 전화를 하기 시작했다. 나는 무슨 일인지 영문을 몰라 숨을 죽이고 가만히 있었다. 그 사람이 갑자기 가둬둔 방문을 벌컥 열더니 깨어 있는 나를 보고 달래듯이 말했다.

"저거 또 서울에 있는 쉼터에서 전화오거나 할까 봐 기다릴 거야. 또 도망가려고 하겠지 뭐. 그래서 내가 제주도라도 데리고 내려가 있으려고 했는데, 휴가 때라 비행기표가 없네. 내가 쟤 잘 달래서 데리고 올 테니 그런 줄 알고 있어."

그 사람의 등 뒤로 입을 삐죽거리는 엄마의 모습이 보였다. 여름 방학이라 동생들도 오빠도 다 있었지만, 이 사람 말에 아무 대꾸도 하지 않았다. 저 사람들도 다 알고 있는 것 같았다. 이 사람이 나를 달래려고 그러는 게 아니라는 걸. 이제는 모든 가족들이 내가 무엇 때문에 힘들어하고 계속 가출을 하는지 알고 있다. 그런데도 이런 나를 돕지 않는다. 저 사람한테서 탈출하게 도와주면 좋으련만……. 가족들에게 나를 데리고 여행을 떠나겠다고 한 뒤 그 사람이 잠시 집 밖으로 나가자 엄마는 식구들에게 겨우 들릴 듯한 목소리로 말했다.

"치, 지가 또 딸년 붙어먹으려구. 꼭 그렇게 내려가야 한대?"

엄마는 그 사람이 아닌 나를 비난하려고 저렇게 이야기하는 것 같다. 그 사람도, 엄마도, 또 나 몰라라 하는 형제들도 다 싫다.

그 사람은 짐을 챙기기 시작했다. 나도 대충 짐을 챙겨야 했다. 두 팔과 얼굴에 멍이 들어서 한여름에 긴팔 윗옷과 긴 바지를 입고, 얼굴을 다 가리는 모자를 푹 눌러써야 했다. 어제만 해도 이 사람을 안 볼 수 있다는 기쁨에 편안히 자고, 숨쉬고, 먹을 수 있었는데. 아, 그 사람하고 단 둘이 어디로 가야 한다니 더럽게 싫다. 너무 싫어서 지금이라도 그 사람이 이 글을 보고 내가 자기라는 사람하고 다니는 것을 얼마나 끔찍하게 싫어했는지 알면 좋겠다. 알려주고 싶다. 그 사람을 죽이는 것조차 내가 직접 하고 싶지 않을 만큼 싫어한다는 것을. 미워하는 것도 어느 정도 상대방에게 감정이 있을 때 가능한 것 같다. 내가 싫어하는 것은 미워하는 것하고는 다른 감정이었다. 더럽게 싫었다. 그때 그 사람은 그냥 내게는 냄새나고 더럽게 썩은 걸레 같은 존재였다. 그래서 태워버리든 내다

버리든 하고 싶은. 그런데 그게 나를 끌고 어딘가로 둘이 가자고 한다. 아, 정말! 정! 말! 싫다.

그 사람은 다른 사람들이 있는 곳에서는 어제, 아니, 그동안 자기가 내게 어떻게 했는지 잊은 사람처럼 다정하게 대했다. 미친놈.

그 사람이 나를 끌고 간 곳은 한적한 시골 소도시였다. 작은 여관에 방을 잡았다. 그 사람은 정말 아무 일도 없다는 듯 행동했다.

"저녁 뭐 먹을래? 일단 쉬자. 밥 먹고 와서 한 번 하고 자자."

그 사람은 또 나를 끌고 자기 마음대로 하기 시작했다. 억지로 밥을 먹이려 했는데 밥이 넘어가지 않아 먹지 못했다. 그러자 그 사람은 잔뜩 화난 얼굴로 여관으로 돌아왔다. 오는 길에 소주와 안주를 샀다.

"이년아, 네가 그러고 있어도 어차피 서울 그 쉼터는 못 가니까 꿈도 꾸지 마. 네년이 나가서 뭔 얘기를 하고 다녔는지 얼른 불어. 소주 마셔, 얼른. 술 잘 마시데? 어제 술 취해서 뭐 어떤 오빠 얘기도 하더라. 벌써 붙어먹었냐? 갈보년, 창녀 같은 년. 네 에미 피가 어디 가겠냐?"

어제부터 거의 빈속에 술만 마셨는데, 강제로 소주를 또 마시라고 했다. 내가 몇 잔 마시자 그 사람은 그 짓거리를 '한 번' 하려 했다. 사실 아까부터 그 사람이 소주잔을 비우는 동안 나는 물을 마셨다. 도망가려면 말짱한 정신으로 있어야 할 것 같았다. 나는 술 취한 것처럼 말하고, 잠자는 척했다. 그 사람은 그런 내 위에서도 씩씩거리면서 허연 정액을 쏟아내며, '한 번' 했다. 휴지로 그 허연 액체를 닦아 쓰레기통에 버렸다. 내가 잠든 것처럼 보이자 그 사람은 옷을 챙겨 입고 밖으로 나갔다.

나는 지금이 도망갈 마지막 기회일지도 모른다는 생각에 얼른 옷을 입었다. 문 앞에 그 사람이 있을지도 몰라 창문으로 도망가기로 했다. 다행히 여관방은 1층이었다. 창문을 열고 밖을 내다보다가 소리를 지를 뻔했다. 창문 옆에 있는 공중전화에서 그 사람이 어딘가로 전화를 하고 있었다. 들키면 또 죽을 뻔했다.

'멀리 간 게 아니었구나. 어떻게 하지?'

머릿속이 너무 복잡해졌다. 도망갈 기회가 영영 안 올 수도 있다는 생각이 들자 겁이 났다. 나는 순간적으로 인터폰을 들고 여관 주인에게 작은 소리로 말했다.

"아저씨, 저 납치됐어요. 도와주세요."

그 말만 하고 얼른 수화기를 내려놓았다. 옷을 후다닥 벗어서 아까 놓여 있던 모양대로 던져뒀다. 그러고는 그 사람이 방을 나서기 전 상태로 쓰러져 자는 척했다. 문이 열리고, 그 사람이 들어왔다. 나는 계속 자는 척을 했다. 얼마나 지났을까, 인기척 없던 옆방에서 발자국 소리가 나기 시작했다. 나만 알아챌 수 있는 소리였다. 누군가 나를 도우러 온 것 같다는 느낌이 강하게 들었다. 나는 눈을 부비며 잠에서 깨어나는 것처럼 일어났다. 옷을 입으며 최대한 자연스럽게 행동했다. 그 사람도 마음이 놓이는지 한층 여유로워 보였다.

'이 방에서 나가지 않으면 밖에서 도움을 주려고 온 사람들도 손을 쓰지 못할 텐데, 인질이 되면 오히려 일이 더 꼬일지 몰라. 일단 나가자.'

"나 배고파. 밥 먹을래."

"그래. 거봐, 배고프지. 나가자. 맛있는 거 사줄게."

그 사람은 의심의 눈초리 하나 없이 옷을 챙겨 입기 시작했다. 순간적으로 많은 생각들이 머릿속을 스친다.

'어설프게 나가다 인질이 될 수도 있지. 또 저 사람이 좀 말을 잘해? 종로 한복판에서도 아무도 안 도와줬는데. 내가 강간당했다고 해도 아빠라고만 하면 또 어설프게 잡혀갈 수 있잖아. 이번에는 정말 막 도망가야지, 꼭.'

나는 배고파 죽겠다는 표정으로 먼저 벌떡 일어나 방문 손잡이를 잡았다. 그 사람은 아직 방 안에 있었다. 그 사람이 나올 준비를 하는 동안 나는 신발부터 챙겨 신었다. 가슴이 두근거렸다. 손잡이를 돌려 문을 열었다. 문 앞에 아저씨가 두 명 정도 서 있었다. 직감으로 형사라는 느낌이 들었다. 그렇지만 여기서 아빠가 저 사람들하고 이야기를 하면 또 못 벗어날지도 모른다. 그 사람들한테 뭐라고 한지 기억에도 없는데, 한마디를 한 뒤 무작정 뛰었다. 그때부터 정신이 확 나가버린 것 같다. 뛰고 또 뛰었지만, 다리가 원하는 만큼 움직이지 않아 답답했다. 길가로 달려가 처음 만나는 자동차를 막아 세웠다. 젊은 부부와 할머니 한 명이 타고 있던 것 같다. 여관방에서 멀리 가는 게 목표였다. 어디로 가야 할지 몰라 일단 차문을 열고 올라탔다. 처음 보는 그 사람들에게 내 멍든 얼굴과 팔뚝을 보여주며 좀 도와달라고 했다.

"헉, 헉, 어디로 가야 되지? 저기요, 저요, 아빠가 너무 때려서 가출했는데, 지금 잡히면 저 죽거든요. 일단 경찰서로, 아니 교회로, 아니 쉼터

같은 데로 좀 데려다주세요. 제발 도와주세요, 제발요. 어디로 가야 되지? 제 말 좀 믿어주세요. 저 좀 도와주세요, 제발요, 제발. 제발, 저 어디든 데려다주세요."

훨씬 더 많은 말을 한 것 같다. 그 사람들은 나를 가까운 경찰서에 데려다줬다. 지금 생각하면 약간 미친 여자처럼 보일 나를 무사히 경찰서까지 태워준 참 고마운 사람들이다. 나는 경찰서 안에 들어가서도 난리를 부렸다.

"아저씨, 제발 제 말 좀 믿어주세요. 여기 보세요, 여기두요. 다 멍들었어요. 우리 아빠가 저 죽이려고 때려요. 여기 머리통도 다 부었어요. 여기 보세요. 그런데 저 좀 숨겨주세요. 너무 무서워요. 그 사람이 오면 저 또 때릴지도 몰라요."

"야, 아빠가 때렸다고 경찰에 신고를 해? 맞을 짓을 했나보네."

강간이라고 종로 한복판에서 떠들어도 아무런 도움을 받지 못한 기억 때문에 지금은 경찰서에서도 말하기 어려웠다. 나중에 신고하려고 이야기할 때 하면 몰라도, 지금 말하면 이 사람들이 모두 나를 이상하게 볼 것 같기도 하고 부끄럽기도 했다. 그냥 매 맞아서 정신이 좀 나간 애 정도로 보이는지 난리를 피워도 더 뭐라고 하지 않았고, 어느 형사의 책상 밑에 들어가 숨어 있게 해줬다. 나는 책상 밑으로 들어가 의자를 끌어당겨 가렸다. 지금 그 장면을 상상하면 완전 미친년 같아 보인다. 그러나 그때는 그 사람이 나타나면 어떻게 될지 모른다는 생각에 잔뜩 겁에 질려 있었다. 1시간쯤 지나자 다른 형사들이 들어왔다.

"애 어디 있어? 아이고, 애 아빠라는 사람 어쩌나 말을 잘하던지, 게다가 말은 왜 그리도 많은지 한 시간 동안 떠들어서 이제 잡아왔어."

형사들끼리 이야기를 나누더니 책상 밑에 있는 나를 찾았다.

"이리 와봐라. 그래, 네 아빠가 때려서 신고한 거야? 너 납치됐다고 했다고? 근데 네 아빠라는구만, 무슨 납치야? 아빠라는 사람은 네가 가출해서 남자 사귀고 다녀서 타이르려고 여행 데리고 왔다던데?"

"아빠 맞는데요, 흑흑흑, 때리구, 여기 보세요, 다 멍들고, 머리통도 맞아서 다 부었어요. 근데 때리기만 한 게 아니고, 강간도……."

"뭐?"

내가 너무 울어 말을 계속 할 수 없자 형사는 나를 조용한 방으로 안내했다. 그러고는 여성 경찰을 데리고 왔다.

"이제부터 진술 받을 건데, 네가 불편할까 봐 여경 일부러 불렀거든. 이 언니가 네 몸에 맞아서 멍든 것도 다 여기 사람 모형 그림판에 그려줄 거고, 내가 너 진술 받는 동안 같이 있어줄 거야."

형사는 내가 무척 안쓰러웠는지 세심한 부분까지 신경을 써줬다. 여성 경찰도 조심조심 내 몸의 멍든 곳을 세었고, 그림판에 하나씩 표시했다. 그 부위가 많았다는 것만 기억난다. 그림을 다 그리자 형사는 잠시 쉬는 시간을 줬고, 조금 뒤 본격적으로 진술을 받아야 한다고 했다. 나는 어릴 때부터 어젯밤까지 당한 일을 기억하는 한 모조리 이야기했다. 어젯밤에 당한 일을 이야기하자 다른 형사 몇이 여관에 다녀왔다. 그곳에서 낮에 그 사람이 쓰레기통에 버린 정액 묻은 휴지를 찾았다고 했다.

진술을 받던 형사는 계속 담배를 피웠다. 형사는 푹푹 한숨을 쉬었다.

"나도 자식을 키우는데, 이게 사람이야? 아빠라고도 하지 마라. 그놈이라고 불러, 그냥."

형사는 계속해서 줄담배를 피웠고, 나는 계속해서 아빠라는 사람에게 당한 일들을 이야기했다. 늦은 밤부터 시작된 진술은 어스름 새벽이 밝아올 때까지 계속됐다.

"제발 다시는 아빠라는 사람이랑 마주치지도 않게 해주세요. 나중에도 절대로 만나지 않게만 해주세요."

나는 형사들에게 계속 부탁했다. 아빠라는 사람과 나는 각각 다른 방에서 진술을 진행됐다. 새벽녘에 한 번 그 사람을 담당하는 형사가 내가 진술하는 곳으로 왔다. 그 형사는 의심스럽다는 듯 말을 던진다.

"너 거짓말하는 거지?"

나는 의심받는 것이 두렵기도 하고, 짜증나기도 하고, 겁도 났다. 이대로 그 사람이 아무 일 없이 풀려나게 될까 봐 정말 겁이 났다. 나는 그 형사에게 되물었다.

"아저씨는 머리도 하야신데, 누가 참말을 하고 누가 거짓말을 하는지도 모르세요?"

사실 내가 누구보다도 잘 안다. 그 사람의 거짓말에 저렇게 속을 수도 있다는 것을. 그 사람은 경찰서에서도 여전히 거짓말을 하는 모양이다.

"하기야, 네 아빠라는 사람 직업이 뭐니? 진짜 말을 너무 잘해. 너무 청산유수야."

나를 담당하던 형사가 금방이라도 눈물을 쏟을 것 같은 내 얼굴을 보고는 한마디한다.

"형님도, 이거, 들어보니까 얘가 거짓말로 꾸며낼 수 있는 이야기가 아니야. 진짜 있었던 일 아니면 절대 이렇게 진술 못 해."

"그래? 하기야, 암튼 얘 아빠란 사람 말을 너무 잘해. 그래서 거짓말 같기도 하고. 근데 직업이 뭐냐?"

그 사람의 진술을 맡은 형사는 고개를 갸웃거리며 옆방으로 갔다. 나는 그 사람의 직업이 목사라는 사실을 말하고 싶지 않았다. 그런데 진술을 하면서 어쩔 수 없이 이야기해야 했다. 나를 담당한 형사는 그 말을 듣고는 더 기막혀 했다. 아침이 밝아오자 다른 형사들이 하나둘 출근하기 시작했다. 진술을 받는 곳은 커다란 사무실 한쪽 구석에 마련된 작은 방이었다. 새벽에는 몇 사람 없었지만, 낯선 아저씨들이 하나둘 늘어나자 나는 얼른 진술을 끝내고 싶었다. 초등학교 5학년 때 일부터 바로 어제까지 일어난 숱한 일들을 이야기하느라 나도 지치고, 형사도 지쳤다. 형사는 마지막으로 하고 싶은 말이 있느냐고 했다.

"아저씨, 부탁이 있어요. 지금 동생들이 중3, 고3이거든요. 갑자기 아빠가 감옥에 가면 우리 집 먹고 살기도 어려울 거고, 동생들한테 지금 중요한 때인데, 정말 미안해서 그러거든요. 우리 아빠 내 앞에 나타나지만 않는다면 집에 가서 가족들하고 그냥 살게 해주세요. 정말 그냥 나만 놔주면 좋겠어요. 어제는 도망쳐 나올 방법이 없어서 할 수 없이 여관 주인 아저씨한테 전화한 건데요. 제가 그동안 계속 그냥 집을 나오기만 한

건 엄마도 지금 아프시고, 엄마가 정말 많이 아프시거든요. 동생들도 한참 힘든 때고, 저만 집에서 빠져나오려고 한 거예요. 정말 아저씨가 우리 아빠한테 약속 좀 받아주세요. 저 찾지 말고, 나타나지 말라고. 그렇게만 해주면 처벌받지 않게 해주겠다고. 아저씨, 그래도 또 나타나면 그때 벌 받게 하고, 지금은 저만 좀 내보내주세요. 제가 저 사람이 찾지 못하는 곳으로 숨을 게요, 네?"

나는 형사에게 부탁했다. 나 하나 챙기기에도 정신이 없을 때인데도 엄마와 동생들한테 미안했다. 꼭 나 때문에 집안이 완전히 파탄 나는 것 같았다. 엄마가 늘 하던 말인데, 결국은 이렇게 되는구나 싶기도 했다. 엄마는 늘 '너 때문에'라는 말을 했다. 나 때문에 엄마와 아빠 사이도 좋지 않고, 내가 초등학교 4학년 크리스마스 때 적어낸 소원 때문에 엄마와 아빠가 재결합하게 된 거라고 했다. 나 때문에 우리 가족 모두 고통을 당한다고 했다. 여관 주인에게 도움을 요청한 게 경찰에도 알려져 결국은 내가 집안을 망하게 하는구나 싶은 마음에 형사에게 계속 부탁했다.

"너도 참, 너만 생각해. 너희 식구들도 이상해. 그리고 이건 내가 어떻게 해줄 수 있는 게 아니야. 성폭력특별법이라는 게 있거든. 너같이 아빠한테 당한 건 친족 성폭력이라는 죄라서, 네가 처벌을 원하지 않아도 나라에서 벌을 주게 돼 있어. 너도 이제 가족들 생각하지 말고, 너만 생각해라. 차라리 처벌을 더 원한다고 말하지."

형사는 내 부탁을 듣고 오히려 기막혀 했다. 계속 이제는 너만 생각하면서 살라고 말했다. 그런데 그게 생각처럼 쉽게 되지 않았다. 나 때문에 우리 가족 모두 다 힘들게 살게 되겠구나 생각하니 걱정이 됐다. 그렇지만 이제는 어쩔 수 없었다.

나는 한숨도 못 자고 아침을 맞았다. 무서워서 잘 수도 없었다. 같은 건물 안에 그 사람이 있는 것만으로도 충분히 무서웠다. 그 사람이 옆방에서 뿜어낸 공기가 혹시 내가 있는 방으로 들어와 섞이고, 내가 그 공기를 들이마시는 것은 아닌지. 그 사람이 내뿜는 공기에 나를 죽이고 싶은 독기가 서려 있을 것 같아 숨쉬기도 싫을 정도였다. 아침이 돼 사람들이 많아지자, 형사는 경찰서장에게 특별히 부탁해서 나를 서장실에 숨겨줬다. 내가 계속 겁에 질려 있자 그곳이 가장 안전한 방이라며 안내해 줬다. 경찰서장이 먼저 겁에 질린 내게 말을 건넸다.

"이 방이 여기서 가장 안전하니까 마음 편히 쉬고 있어. 그런데 너희 아빠 직업이 뭐니?"

나는 아무 말 없이 가만히 앉아 있었다. 조금 있으니 형사가 서장실로 들어왔다.

"이거 너 서울 쉼터 갈 차비로 쓸 돈이다. 네 아빠한테 돈 있길래 받은 거야."

그 사람 돈이라 찝찝했지만, 내 수중에는 한푼도 없어서 받을 수밖에 없었다. 서둘러 서울 쉼터로 올라가고 싶었다. 쉼터에 전화를 하니 선생님이 많이 걱정했다며 얼른 오라고 했다.

"이제 너 서울 가서 너만 생각하고 살어. 힘든 일은 연락하고. 잠깐, 저기 창문 보고 확인 좀 해주고. ○○○ 씨, 여기 이 돈 딸한테 줬어요."

지나가던 복도에서 창살 사이로 그 사람이 보였고, 예고도 없이 형사는 내 손을 들어 그 사람에게 돈을 확인해줬다. 그 사람은 나를 보자 불쌍해 보이는 표정으로 울먹이기까지 했다.

"아가, 왜 거짓말하니? 아빠가 너 원하는 대로 다 해줄게."

하! 끝까지, 끝까지 저러는구나. 그래, 너는 안 되는구나. 죽도록 벌이나 받아라. 내 진술을 받은 형사도 입을 벌리고 창살 너머를 쳐다본다. 그 사람은 끝까지 잘못을 인정하지 않고 나를 문제아로 만들려 한다. 어쩌면 가족들을 위해서도 저 사람이 감옥에 갇혀 있는 게 낫겠다. 방금 전 가족들을 생각해서 처벌을 원하지 않는다고 말한 게 후회됐다. 아주 센 벌을, 강력한 벌을 받으면 좋겠다. 딸을 강간한 사람을 벌할 권리가 딸한테도 주어지면 좋겠다. 내가 당한 고통을 저 사람도 겪게 하고 싶은 못된 마음까지 들었다. 그 사람은 창살 너머에서 여전히 딸이 거짓말하고, 사고 치고, 가출해서 속이 상한 아빠의 표정으로 눈물짓고 있었다.

그게 그 사람을 본 마지막이었다.

여관 주인이 경찰에 신고를 하지 않았다면 나는 어떻게 됐을까?

여관 앞에서 휴가 온 젊은 부부가 나를 그냥 미친년 취급하면서 태워주지 않았다면 어땠을까?

진술을 받던 형사가 상황을 잘못 파악해서 '아빠'라는 사람 말만 믿고 나를 그냥 집으로 돌려보냈다면?

상상만 해도 끔찍하다.

납치됐다는 짧은 소리를 듣고 경찰에 신고를 해준 여관 주인이 참 고맙고, 나를 경찰서까지 안전하게 태워준 그 가족이 고맙다.

무엇보다 어린 아이를 둔 젊은 아빠이던 형사가 참 고맙다. 그 형사는 내가 피해 상황을 이야기하기 편하게 해주려고 여성 경찰을 불러 함께 있게 해줬다. 내가 이야기하는 내용이 두서가 없을 텐데도 차분히 들어줬다. 무엇보다 내가 너무 힘들어서 울면, 자기도 마음 아파하며 담배를 연거푸 피워대기도 했다. 나보다 더 힘든 표정과 말투로 말했다. "나도 자식을 낳아 키우는데, 이게 사람이야? 아빠라고도 하지 마라. 그놈이라고 불러." 그 말을 듣고 확신할 수 있었다. '내가 경찰에 신고하기를 정말 잘했구나. 신고한 내가 잘못한 게 아니구나.' 그래서 더 용기를 내 부끄러워하지 않고 피해 사실을 낱낱이 이야기할 수 있었다. 나는 여자 상담사는 물론 세상 누구에게도 말하지 못한 것들까지 하나도 빠트리지 않으려 애쓰며 이야기를 했다. 밤새도록 이야기해도 새로운 기억이 떠오르고 또 떠올라서 밤을 새웠는데, 그날만큼 속시원하게 이야기한 적이 없는 듯하다. 이 글을 쓰고 있는 지금도 그때만큼이나 속이 시원하다.

그런데 한국성폭력상담소에서 피해자를 지원하는 일을 하면서 알게 된 게 있다. 나는 운이 참 좋았다. 많은 피해자가 고소를 하고도 여러 차례 수치심을 불러일으키는 질문을 듣거나 법정에서 가해자 얼굴을 맞대는 힘든 상황을 겪는 등 법적 처리 과정에서 예상하지 못한 어려움을 종종 겪어야 했다. 내 경우에는 형사도 좋았지만 담당 검사도 좋았다. 검사는 검사실에서 나를 따로 만나 몇 마디 나누고는 이런 말을 해줬다. "호적도 파고, 인연 끊어요. 이런 사람이 무슨 아빠야. 법정에서 마주치지 않게 해줄게요. 공부 열심히 해서 여기 말고 다른 나라 가서 살아요. 가해자 나오면 해코지 못 하게." 내 사건은 성폭력특별법이 시행된 첫 해치고는 매우 훌륭하게 피해자를 보호하고 가해자에게 무거운 형벌을 내린 사례라고 한다.

지금은 피해자들이 안전하게 보호받고, 피해 상황을 벗어나고, 의료적 도움을 받을 수 있는 방법들이 법 절차에 비교적 다양하게 마련돼 있는 편이다. 나를 포함해서 이 글을 읽는 사람들이, 도움이 필요한 친구들을 잘 알아보고 외면하지 않는 고마운 사람이 돼주면 좋겠다.

4장

그렇지만,
그렇지만,
그렇지만

"아주 집안을 콩가루를 만들어. 너 때문에 이게 뭐냐? 집안이 박살나
니까 좋냐?"

거센 발길질과 엄마의 성난 목소리에 눈을 떴다. 뒤를 돌아보니 커
다란 엄마와 아빠가 잠자던 나를 발로 걸어차고 있다. 그런데 잠시 뒤
두 사람이 감쪽같이 사라졌다.

천천히 몸을 돌려 누워 방을 살펴보니 쉼터였다. '아, 쉼터구나. 그래,
이제 쉼터지.'

그런데 엄마와 아빠의 발길질이 내 몸에 남아 있다. 등짝이 뻐근하

다. 내가 왜 이렇게 됐을까, 돌아버린 게 아닐까? 어떻게 발길질을 느낄 수 있지? 어떻게 그 사람들이 눈에 보일 수가 있지? 겁이 났다. 내가 점점 미쳐가는 것 같았다.

그래, 며칠 전 나는 서울에 있는 쉼터로 돌아오는 버스를 탔다. 한여름 휴가가 한창인 때에 나는 진정한 인생의 휴가를 맞이하는 사람이 돼 쉼터로 돌아왔다. 쉼터에서는 반갑게 나를 맞아줬고, 나는 죽음같이 깊은 잠을 자고 또 잤다. 그 사람과 엄마가 계속해서 내 꿈속과 현실을 오가는 이상한 상태여서 5~10분 정도의 짧은 잠밖에 잘 수 없었지만, 그래도 자고 또 잤다. 아빠는 감옥에 가고 나는 쉼터에 왔는데, 그 사람이 자유롭게 활보하던 세상하고는 분명 다른 세상을 맞이하게 됐는데, 나는 여전히 아빠라는 망령에서 벗어나지 못해 힘들어하고 있었다.

며칠 쉬고 난 뒤 쉼터 선생님과 한국성폭력상담소라는 곳을 찾아갔다. 그곳에는 여자들만 있었다. 한국성폭력상담소라는 간판을 보며 '세상에 이런 상담소도 있었구나' 싶은 마음이 원망하듯 들었다. 나는 이런 곳이 있다는 걸 몰랐다. 아무도 알려주지 않았고, 성폭력상담소를 찾아서 도움을 요청하는 것은 꿈도 못 꿨다. 하기야 내가 그 사람에게 당한 짓이 이곳에서 말하는 '성폭력'이라는 것도 겨우 며칠 전에 알게 됐으니, 성폭력만 전문으로 다루는 상담소가 있으리라고는 당연히 상상도 못 한 것이다. 아무튼 성폭력상담소에서 처음으로 상담을 받고 쉼터로 돌아왔다. 상담사도 나처럼 힘든 경우는 처음이라고 했다. 그렇구나, 내 문제는 그렇게 흔한 경우가 아니구나. 하기야 집에서 살 때도 생각했다. '왜 나한테만 이런 일이 있는 거야? 예수님은 내가 미운가? 왜 나한테만, 왜 나만 이렇게 인생이 더러운 거야?' 어찌 됐든 나는 아르바이트도 다시 구하고, 그 사람이 감옥에 가게 됐으니 학교도 계속 다녀야겠다는 생각에 2학기 준비를 시작했다. 당장 학비도 없어서 어떻게 시작해야 할지 막막했다. 그런데 어느 날 쉼터 선생님이 나를 불렀다.

"혹시 청와대에 편지 보냈니?"

"아, 네."

"연락이 왔는데 여기로 와보시겠다는구나."

청와대 영부인 비서실에서 왔다는 사람이 쉼터를 방문했다.

"편지 쓴 학생이니? 그래, 정말 힘들었겠구나. 영부인께서도 편지 내용을 보셨단다. 적극적으로 너를 도와주라고 하셨다. 이번 학기 등록금이다. 이렇게 집을 나오고 경찰에 신고도 했다니, 잘했다. 지금까지 이렇게 잘 살았다니 장하구나. 앞으로 공부 열심히 해서 훌륭한 사람이 되기를 바란다."

"고맙습니다. 나중에 제가 돈 벌게 되면 이 돈 갚을게요."

"아니다. 그때는 다른 어려운 사람 도와주렴."

"고맙습니다."

내가 살아온 삶을 칭찬받고 앞으로 내 삶도 격려를 받으니 기운이 났다. 2학기 등록금도 해결되고 든든한 지원군이 생긴 느낌이었다. 쉼터 선생님들은 내가 어떻게 청와대에 도움을 청했는지 어리둥절해했다. 이곳에 온 지 며칠 되지 않은 때 청와대에 편지를 쓰게 된 이유를 말하니 선생님들은 잘했다고, 너는 어디 가서도 잘살 거라고 웃었다.

지금 나 잘하고 있구나. 그 사람을 벗어나려고 계속 집을 나오고, 경찰에 신고하고, 그 사람은 감옥에 갔다. 이 모든 게 나와 나머지 가족들을 위한 최선의 선택이라는 확신이 들기 시작했다. 그러면서 마음이 조금씩 편해졌다. 2학기 개강을 준비하는 나는 1학기 때하고 전혀 달랐다. 1학기 때는 아빠가 내 수강 신청까지 했지만, 지금은 아니다. 처음으로 내가 듣고 싶은 강의를 신청했다. 난생처음 혼자 미용실도 갔다.

"이만큼 싹 잘라주세요. 짧은 단발로요."

그 사람이 아니라 내 마음대로 머리를 잘랐다. 눈물이 주르륵 흘러내렸다. 내 눈물을 본 미용사는 무슨 실수를 했나 싶어 눈치를 살폈다.

"왜 그래요? 마음에 안 들어요?"

"아니요, 너무 좋아서요. 좋아요."

'미용실에서 혼자 머리 자르기'는 늘 가위를 들고 제멋대로 내 머리카락 길이까지 정하던 그 사람에게서 벗어난 것을 확인하는 나만의 세리머니였다. 원래는 긴 머리를 좋아하지만 일부러 싹둑 잘랐다. 일상생활의 소소한 것들을 마음대로 하면서 나는 자유를 느꼈다. 그때 알았다. 나는 참 자유로움을 좋아하고 자유를 누릴 줄 아는 사람이라는 것을.

2학기가 시작되고 쉼터에서 학교를 다녔다. 버스를 타면 서울 한복판을 마음껏 달려 학교에 도착했다. 이런 게 자유다. 나는 차창을 열고 바람을 쐬면서 온몸으로 새로운 숨을 쉬기 시작했다. 그때부터 늘 내 얼굴에 웃음이 자리잡았다. 여름 방학을 보내고 만난 같은 과 친구들은 적

잖이 변한 내 모습에 놀랐다.

"나는 니가 벙어리인 줄 알았어."

심지어 이런 말을 하는 친구들도 있었다. 나는 말도 잘하고 잘 웃게 됐다. 무엇보다 매일 학교에 차를 대놓고, 같이 밥을 먹고, 등하교를 같이하던 그 사람이 없어졌다. 새로운 캠퍼스 생활을 즐기며 비로소 대학생이 된 느낌을 만끽했다. 살맛이 났다. 더러운 걸레 같고, 징그러운 변태 괴물 똥딱지 같은 그 사람이 떨어져나간 내 삶은 깨끗하고 향기로웠다. 20대 여대생의 싱그러움이 살아나고 있었다. 이게 사람 사는 거구나 하는 느낌이 매일매일 새로웠다.

하루는 친한 언니 둘이 왜 여름 방학 동안 가출을 했느냐고 물어서 그동안 내게 벌어진 일을 이야기했다. 처음으로 친구라고 생각하게 된 이해심 깊은 언니들. 그 언니들에게 이야기할 때는 예전하고 다르게 꺽꺽거리는 울음이 줄고 무용담처럼 말하고 있었다. 왜 이야기하고 싶었는지 잘 모르겠지만, 처음으로 친한 사람에게 내 이야기를 했다. 나를 있는 그대로 받아주는 언니들을 보며 힘이 났다. 집에서 그 사람에게 당하며 살 때는 평생 이렇게 살다 죽겠구나 했고, 내가 당한 일을 부끄러워해야 하는 줄 알았는데, 세상에 나와 보니 내가 잘못한 게 아닐 뿐 아니라 이런 삶을 살아낸 것만으로도 격려와 칭찬을 받을 일이었다. 가까운 친구들에게 내 삶에 관해 말하는 새로운 경험을 하게 된 것이다. 치유를 위한 첫걸음, 첫 호흡이라는 생각이 들기까지 했다. 이제부터 그 사람한테 당한 일들을 확실하게 씻어버리고 진짜 멋지게 살아야지, 다짐했다.

본래의 내가 궁금했다. 나는 말 없고, 늘 어둡고, 침울하게 지내던 왕따인 줄 알았는데, 아니었다. 나는 밝은 사람이었다. 좋은 기운이 넘치고, 긍정적이고, 웃음도 많다. 다른 사람을 웃기는 것도 좋아한다. 아빠에게 상처받기 전 나를 찾으려고 보물찾기 하듯 나 자신을 살펴보고, 관찰하고, 새로운 면모를 발견해냈다. 그때 나는 좀 심하다 싶을 정도로 나 자신에게 관심이 많았다. 내가 좋아하는 것과 싫어하는 것을 분명하게 찾아갔다. 하기 싫은 행동 그만두기, 하고 싶은 것 고집 피우고 해보기, 뭔가 부당한 느낌이 들 때는 상대가 누구든 솔직하게 내 느낌을 표현하기 등 닥치는 대로 정직하고 솔직하게 내 속의 것들을 겉으로 표현했다. 그때는 아는 사람뿐 아니라 모르는 사람이라고는 눈곱만큼도 하지 않고 나만 챙기고, 내 감정에 충실했다. 아빠라는 사람 때문에 억눌린 내 안의 영서가 있었기 때문에 지금의 내가 있지 싶다. 그 시절 당황스럽고 이기적인 나를 받아준 친구들, 나한테 한소리씩 들어도 조용히 받아들이고 넘어간 대한민국 아저씨들에게 고마움을 전한다.

천천히 내 본래의 모습을 찾아가고 새로운 힘이 조금씩 자라고 있을 때 재판이 열렸다. 재판이 진행되고 있는 소도시로 내려가 검사를 만났다. 사건 담당 검사는 젊고 현명해 보였다.

"이런 사람이 무슨 아빠야. 그냥 호적도 파고, 이 사람하고 인연 끊어요. 이건 아빠도 아니야. 나중에 공부 열심히 해서 여기말고 다른 나라 가서 살아요. 그리고 청와대에서는 어떻게 해서 전화가 온 거죠? 아무튼 놀랐다니까. 청와대에서 전화가 와서. 재판할 때 법정에 나가지 않아도 되니까 걱정하지 말고, 마음 놓고 서울로 가요. 몇 가지 확인해야 할 게 있어서 보자고 한 거예요."

　나중에 들은 사실이지만 청와대 영부인 비서실에서 내가 지내던 쉼터와 한국성폭력상담소, 그리고 검사실까지 전화를 했단다. 사건의 사실 여부도 확인하고, 법적 처리 과정에서 피해자를 잘 도와주라고. 그 말을 들으니 마음이 놓였다. 그 사람이 집을 팔아서라도 보석으로 나올 수 있게 된다면 또 나를 찾을지도 모른다는 두려움이 있었는데, 마음이 편해졌다. 감옥에서 꽤 오랜 시간 지낼 것이고, 그러면 나는 더는 그 사람을 두려워하지 않을 만큼 힘 있는 어른이 돼 있겠지. 내 사건을 담당한 형사나 검사 모두 남자였지만 내 편이 돼 같이 화를 내고 그 사람을 욕하는 모습을 보니, 세상 남자들이 다 나쁜 놈은 아닌 것도 같아 안심이 됐다. 재판은 내 손을 떠나서 더 잘 풀려가는 듯했다. 그 사람은 변호사를 사고 탄원서도 넣고 했지만 뜻대로 되지 않았다. 특히 자신이 정신 질환이 있으니 치료를 받게 해달라고 엄마에게 탄원서를 쓰게 했단다. 편하게 벌을 받고 싶어하는 그 사람을 보며 여전히 자신이 뭘 잘못한지 모르는구나 싶어 화가 나고 미웠다. 그러나 나는 화내고 미워하는 데 많은 에너지를 쏟지 않았다. 나는 내 밝은 모습이 그 빛을 밝혀가고, 잔잔하며 자유로운 일상을 살아가는 데 더 관심이 많았다.

　그렇지만, 그렇지만, 그렇지만.

　동화 속에서 힘들게 살던 여주인공은 고통에서 벗어나면 '왕자님을 만나 행복하게 오래오래 살았더래요'로 끝이지만, 나는 그게 끝이 아니었다. 내 밝은 겉모습이 다 덮을 수 없는 것들이 속에서 끓어오르기 시작했다. 기억. 그건 무서운 거다. 무엇으로도, 어떤 것으로도 지울 수 없고, 없앨 수 없다. 보상받을 수는 더더욱 없다. 지금 내가 자유롭고 즐겁게 살 수 있다고 해서 그 사람이 내 몸, 내 마음, 내 영혼, 내 시간에 남긴 흔적은 사라지지 않았다. 조금씩 아주 조금씩이라도 엷어질 줄 알았다. 그런데 그렇지 않았다.

"뭐? 도대체 무슨 힘든 일이 있었다고 이렇게까지……. 시간이 약이야, 시간이 흐르면 좀 잊힐 거야. 옛말 틀린 거 하나 없다니까. 그리고 이 세상에 너처럼 성폭력 당한 사람들이 얼마나 많은데. 너만 그런 건 아니야. 그래도 너는 아주 힘든 애들보다는 처지가 낫잖아. 대학도 다니고, 살 만하잖아. 아예 안 풀려서 이상하게 사는 애들도 얼마나 많은데. 사창가에서 일하는 사람들도 많다구. 그리고 너는 예수님도 믿는다면서. 예수님이 다 뜻이 있으셔서, 너를 크게 쓰시려고 그러시는 거야. 너 참 대단하다. 그렇게 힘든 일 겪고도 미치지 않고, 이렇게 잘 살아와서, 대단해. 앞으로 다 잘 될 거야."

살아오면서 나를 위로한답시고, 나한테 좋은 말이라고 해준 말들을 대충 모아보니 이런 구린 문장이 완성됐다. 힘들나는 말로 나 표현할 수 없는 일들……. 그런 것들이 내 머릿속에서, 가슴에서, 목구멍에서 징그럽게 꿈틀댄다.

"여보세요? 거기 누구 있나요? 제 얘기 좀 들어주세요. 힘들어서 망설여지는 제 어릴 적 이야기들 해도 되나요? 어디다 마음놓고 이야기한

적도 없고, 제 속에 앉아 있는 이 기억들 좀 데려가주세요. 당신은 듣고
욕해주고, 거기 당신은 희망을 갖고, 그리고 당신은 기도해주세요. 지금
까지 망설이고 있었는데요. 제 기억들 데리고 가서 눈물로, 희망으로 흩
뿌리시면 돼요. 함께하고 싶은 분들만."

그래, 나는 좀 말해야겠다.

그 사람에게서 벗어나 살게 되면 나도 다른 사람들 속에 묻혀 적당
히 살아갈 수 있을 줄 알았다. 그럭저럭 어울려 살아가고 있던 어느 날,
그건 착각이라는 생각을 했다. 겉으로는 다른 사람들이랑 어울려 살아
가는 듯 보였지만, 속으로는 다른 사람들하고 너무도 다른 삶을 살아왔
다는 생각에 사로잡혀 비교하고, 혼자 속으로 상처받고, 틀어졌다.

'나는 너랑 달라. 네가 그만큼 사는 건 네가 잘난 덕이 아니야. 넌 우
리 집에서 태어났으면 나보다 훨씬 더 못 살았을걸. 내가 너네 집에서 자
랐으면 난 공부도 잘하고, 예수님도 훨씬 잘 믿고, 더 잘살았을 거야. 난
아빠라는 새끼한테 죽어라 맞고, 밤마다 당하면서도 이렇게 잘 살아가
고, 잘 해내고 있다고. 넌 꿈도 못 꿀 삶을 난 살아왔고, 지금도 살아가
고 있다고.'

속으로 이런 생각을 하면서 사람들을 만나다 보니 겉과 속이 다른
관계를 맺을 수밖에 없었다. 친구들을 만나 겉으로는 잘 지내는 듯해도
속 이야기는 나누지 않았다. 내 삶을 이해할 수 있는 사람은 별로 없는
것 같았다. 또 내 삶을 내게 허락한 예수님하고 맺는 관계도 삐걱거렸다.

절대 내가 선택하지 않은 부모를 내려준 것도 못마땅한데 내가 만나는 친구들은 괜찮은 환경에서 자라게 한 것도 싫고 미웠다. 차라리 모든 사람이 다 나처럼 깊은 상처를 받았으면 했고, 죽을 만큼 힘든 상처가 있는 사람들만 예수님을 믿었으면 하기도 했다.

싫고 밉다는 감정에서 더 나아가 적대감까지 들었다. 나를 잘 알고 나랑 친한 친구에게 악다구니를 쓰기도 했다.

"너 내가 힘들게 살았다고 동정하는 거야? 동정이나 연민이면 때려치워. 왜 잘해주는데?"

입으로는 고함을 쳤지만 속으로는 '절대 떠나지 마, 너마저 떠나면 안 돼'라고 울부짖고 있었다. 그때 내 속울음과 진심을 알고 지금까지 남아준 친구들이 눈물나게 고맙다.

친구들은 자신만의 세상에서 굴곡 없이 사랑받고 자라서 다른 사람들하고 잘 어울려 살 줄 아는 사람으로 성장하는 동안, 나는 상처받고 죽을 고비를 넘기며 겨우 살아남았다. 악다구니와 오기만 남은 내 모습이 괴물 같아 속이 뒤틀렸다.

'나도 저렇게 행복하게 하하 호호 하면서 살고 싶다고. 나도 너희들처럼 살고 싶다고. 난 이렇게 힘들게 살았는데, 왜 쟤들은 상처받지 않고 살게 해줬지? 예수님은 불공평해. 저런 게 뭐가 힘들다고 저 지랄들이야? 저 정도는 힘든 것도 아닌데. 나만큼 힘들게 살아온 사람들만 예수님을 믿게 되면 좋겠다. 나한테는 더 큰 축복과 사랑을 쏟아줘야 하는 거 아냐?'

어느 순간부터 나는 괜찮은 척하기를 멈췄다. 아파하고 슬퍼하는 대로 나를 내버려뒀다. 불공평한 삶 때문에 예수님한테 불평하고 화도 냈다. 씩씩하고 밝아 보이던 나를 치워두고, 속에서 지랄 떨고 싶은 그대로 쏟아내도록 내버려뒀다. 감정에 쌓여 있는 쓰레기, 똥 덩어리를 마구 쏟아내듯. 그때 나는 다른 사람들의 어려움이나 상처는 생각하지 못했고, 오로지 내 아픔과 고통에만 관심 갖고, 나한테만 충실했다. 남을 위해 해야 하는 것은 조금도 하고 싶지 않았고, 나를 위한 것만 열심히 했다. 나도 남도 나만 위해주는 시간. 그러나 친구들이 떨어져나갈 수 있으니 너무 오래 그러지는 마시기를. 당신의 그 시간을 견뎌주고 받아주는 친구들이 당신 곁에 있기를 바란다.

5장

생일
잔치

　초등학교 1학년 때 아빠와 엄마는 이혼을 했다. 그 뒤 나는 엄마하고 함께 살았다. 그런데 언제부터 아빠라는 사람은 이혼한 엄마를 찾아와 괴롭혔다. 우리가 살고 있는 외할머니네 집에 와서 엄마는 싫다는데 계속 같이 살자고 했다. 가족들 모두 싫어했다. 나도 그런 아빠가 자꾸 찾아오는 게 정말 싫었다.

　어느 날 그 사람은 집으로 찾아와 엄마를 때리기 시작했다. 학교에서 돌아온 우리들은 방문 밖에서 어찌해야 할지 모르고 가만히 있었다. 마루에 앉아 방 안에서 들려오는 아빠의 욕설과 엄마의 비명 소리를 들었다. 퍽퍽 하는 발길질과 주먹질 소리가 끊이지 않았다. 갑자기 엄마가 문을 열고 나온다.

"잠깐만, 오줌 좀 누고."

풀린 눈, 터지고 부어오른 입술. 옷도 몸도 방금 링 위에서 일방적으로 얻어터지다 쉬는 시간에 내려온 권투 선수 같았다.

엄마는 마루에 있는 요강 위에 앉았다. 그러자 아빠가 마루까지 따라 나왔다. 그 사람은 권투 선수가 아니었다. 그 사람의 눈은 〈동물의 왕국〉에서 사자가 짐승을 뜯어먹을 때 번쩍이는 눈하고 닮았다. 엄마 살을 뜯어먹고 있는 것 같았다.

"이년아, 얼른 들어와. 내가 관둘 줄 알아? 잘해주면 안 돼. 패야지."

나는 어렸지만 이혼한 뒤에도 맞고만 있는 엄마가 이해하기 어려웠다. 차라리 동네 파출소에 신고하지 싶었다. 엄마는 또 끌려 들어가 얼마간 더 맞았고, 아빠 뜻대로 재결합을 약속하고서야 끝이 났다. 같이 살다가도 때리면 헤어져야 할 판에, 재결합하자며 때리는 사람이랑 같이 살려고 하다니. 엄마는 바보인 게 틀림없다.

그날부터 아빠는 우리가 사는 외할머니 집을 자주 드나들었다. 아빠가 오는 날은 무서웠다. 또 언제 엄마를 때릴지 몰라 눈치를 살펴야 했다. 그러더니 하루는 그 사람이 오빠, 나, 남동생 모두 학교를 결석하게 하고, 시골에 있는 친할머니 생일잔치에 가야 한다며 데리고 나섰다. 엄마는 직장에 가야 해서 아빠가 우리들만 데리고 가기로 했다. 우리는 정말 가기 싫었다. 어릴 적 1년 동안 친할머니랑 산 적이 있는데, 그때 할머니가 때리고, 먹고 싶은 것 못 먹게 하고, 먹기 싫은 것은 강제로 먹인 기억이 있어서 생일 축하를 하고 싶은 마음 따위는 전혀 없었다. 학교까지 빠지면서 가고 싶지 않았는데, 우리 삼남매는 아무런 말도 못하고 끌려가야 했다. 친구 생일잔치도 가고 싶은 데 가야 신나고 재미나기 마련이다. 그런데 싫고 싫은 사람 생일잔치에 강제로 끌려가니 모든 게 짜증났다. 버스 터미널에 내려 비포장도로를 달리는 진짜 시골 버스를 탔다. 놀이 기구처럼 팡팡 튀어 오르는 게 다른 때 같으면 신났을 것이다. 그날은 그것마저도 짜증이 났다. 깜깜하고 가로등도 별로 없는 작은 시골 동네에 내렸다. 화장실 냄새 곱하기 10배는 될 듯한 똥 냄새가 마을길을 걷는 내내 진하게 났다. 꿀꿀거리는 돼지 소리와 음매 하는 소 울음소리가 나는 것을 보니 개네들 똥 냄새인가 보다. 마음에 들지 않는 것들의 연속이다. 그 사람은 우리들을 삐딱한 나무 대문에 허름한 슬레이트 지붕을 인 집으로 데리고 들어갔다. 짜증의 절정이다. 친할머니는 자기 때문에 우리가 일부러 찾아왔다고 생각하는지 무척 좋아했다. '저는 오기 싫었는데요, 억지로 끌려왔거든요'라고 말하고 싶었는데, 아빠라는 사람이 무서워 말하지 못했다.

다음날 있을 친할머니 생일잔치를 준비하려고 작은고모도 와 있었다. 아직은 엄마와 아빠가 다시 결혼을 한 게 아니라서 엄마에 관해서는 묻지 않았다. 우리들 이야기만 조금씩 했다. 그러다 잠자리에 들었다. 초등학교 1학년 때부터 엄마랑 살아서 5학년이 된 내게 아빠라는 존재는 낯설기만 했다. 그런 아빠라는 사람은 우리들을 반기는 척했고, 작은 시골집의 좁디좁은 단칸방에서 한 이불을 덮고 잠을 재웠다. 날마다 팔베 개를 해주던 외할머니 냄새가 맡고 싶었지만 시골까지 오는 길이 피곤했 는지 금방 잠이 들었다. 새벽쯤일까? 나는 누군가의 손이 내 바지를 내 리고 팬티 속으로 들어오는 기척에 잠이 깼다. 그런데 소리를 지를 수는 없었다. 그 손의 주인은 바로 옆에 누워 있는 아빠이기 때문이었다. 분명 아빠다. 그 사람, 엄마를 죽도록 패고 또 패는 그 사람의 주먹, 바로 그 손이었다. 깜깜한 밤, 오빠도 동생도 내 바로 옆에서 잠이 든 시간, 도와 달라고 말할 사람도 없고, 어떻게 해야 할지도 몰랐다. 잠자다 몸을 뒤 척이는 척하며 돌아누웠다. 그 사람은 잠시 손을 치우는 것 같더니 다시 내 팬티 속에 손을 넣었고, 그렇게 무서운 밤이 깊어가다가 손이 빠져나 간 뒤 나는 잠이 들었다.

아침에 눈을 뜨니 이제까지 살던 세상하고는 완전 다른 세상이었다. 아빠는 없어졌다. 내게 아빠라는 존재는 없다. 아빠라는 사람이 내 팬티 속에 손을 넣은 첫날. 나는 이제 그 사람 눈을 똑바로 쳐다볼 수 없었다. 그러나 그 사람은 아무 일도 없는 것처럼 웃고 떠들며 친할머니 생일잔 치를 준비했다. 평소처럼 대하는 그 사람의 쓰다듬기, 칭찬, 웃음소리가 이제는 모두 달라졌다. 싫어하고 무서워하는 아빠였지만, 그나마 아빠라 여기던 마음까지 사라졌다. 무서웠고, 얼른 서울 외할머니네 집에 가고 싶기만 했다. 그날 하루는 어떻게 보냈는지 전혀 기억이 없다.

외할머니네 집으로 돌아왔다. 그렇지만 엄마와 외할머니에게 아무 말도 하지 못했다. 어떻게 말해야 할지, 앞으로 그런 아빠를 어떻게 봐야 할지 걱정이었다. 아빠라는 사람이랑 다시 살려고 하는 엄마를 어떻게 막을 수 있을까? 엄마랑 그 사람의 재결합 계획은 우리 의견하고는 상관없이 진행됐다. 일단은 돌아오는 여름 방학에 우리부터 시골로 전학을 보낸다고 했다. 나는 무조건 싫다고 했지만 엄마도 어쩔 수 없는 모양이었다. 왜 가기 싫은지 말하지 못해 답답했다. 부끄럽기도 하고, 아빠가 내 몸을 만질 때 가만히 있던 게 왠지 마음에 걸려 아무 말도 하지 못했다. 두려웠다. 앞으로 내게 어떤 일이 일어나게 될지 전혀 상상이 되지 않았다.

그렇게 불안하고 답답한 마음으로 하루하루를 보내다 여름 방학이 됐다. 방학식 하는 날 기분이 나쁘기는 처음이었다. 집에 오니 외할머니와 엄마는 일하러 나가고, 치매에 걸린 외할아버지와 오빠, 동생이 있었다. 전화벨이 울렸다. 아빠였다.

"아빠다. 너네 방학했지? 지금 데리러 갈게."

"싫어, 나 아빠 같은 거 없어."

"이게, 가만히 있어. 너 죽었어. 어디 아빠한테."

손이 부르르 떨렸다. 수화기를 확 내려놓는 소리, '뚜뚜뚜' 하는 소리. 어디서 그런 용기가 솟았는지 불쑥 아빠 같은 거 없다는 말을 해놓고 가슴이 두근두근했다. 진심이었다. 내게 이제 아빠는 없다. 외할머니라도 나타나주면 좋을 텐데 싶다. 치매에 걸린 외할아버지는 심각한 상황을 전혀 알아채지 못하는지 이부자리를 펴고 가만히 누워 있다. 마당에 나가 얼른 대문을 걸어 잠갔다. 오빠, 동생, 나는 모두 겁에 질려 있었다. 엄마나 외할머니가 일하는 곳에는 전화도 없어 도와달라고 연락할 수도 없었다. 초라한 나무 대문 하나만 믿고 안방에 앉아 오들오들 떨고 있었다. 그때는 왜 어디 멀리 도망갈 생각을 못했는지, 지금 생각하면 어린애는 어린애였구나 싶다. 조금 있으니 대문을 쿵쿵 두드리며 큰 소리로 문을 열라는 아빠 목소리가 들렸다. 문을 다 부수고 들어올 기세였다. 누가 문을 열어준지 모르지만 아빠가 안방까지 들어왔다. 안방에 들어서는 그 사람 손에는 부엌에서 쓰는 연탄집게가 들려 있었다. 아빠가 엄마를 저런 걸로 때리는 모습은 여러 번 봤지만 나를 때리는 건 처음이어서 너무 무서웠다. 나는 방문을 열고 부엌으로 도망갔다. 부엌에서 나와 연탄을 쌓아두는 구석진 곳으로 도망갔다. 아빠는 도망가는 나를 쫓아와 연탄집게로 사정없이 때리기 시작했다. 이제까지 맞아본 중에 이런 느낌은 처음이었다. 맞은 곳은 금세 붉고 선명하게 살이 튀어 올랐다. 여기저기 부풀어 오른 모양이 굵은 지렁이 같았다. 얼굴로 날아오는 연탄집게를 막으려고 들어올린 팔뚝이 감전된 듯 찌릿찌릿했다. 허벅지와 무릎을 비롯해 온몸에 굵은 지렁이가 감겼다. 맞으며 도망도 다니고 소리도 질렀지만, 매질은 계속됐다. 도저히 참을 수 없었다. 내가 왜 가기 싫은지 말할 수밖에 없었다.

"오빠, 아빠가 내 몸 만졌어. 나중에 엄마랑 할머니한테 말해. 내 몸 만졌단 말이야."

아빠라는 사람은 새어 나오면 안 되는 비밀이 튀어나와 놀랐는지 갑자기 더 세게 짧은 간격으로 매질을 했다. 정신을 차릴 수 없었다. 그 사람은 그렇게 막무가내로 때리고는 짐을 대충 챙기게 한 뒤 나를 시골

집으로 끌고 갔다. 아까는 살갗만 아팠는데 조금 지나니 뼈까지 아파왔다. 뼈까지 아프기는 처음이라 온몸에서 열이 났다. 그 사람은 똥 냄새 가득한 시골집까지 나를 끌어다 놓고서야 안심이 되는 모양이다. 그제야 맞아서 부어오른 살이 보이는지 안티푸라민을 발라준다.

"그러니까 아빠가 가자고 할 때 가만히 따라오면 이렇게 되지 않지, 어디 아빠한테 그렇게 전화를 받아? 이리 와, 약 발라줄게."

아, 정말 짜증난다. 힘이 없다는 이유만으로 이런 대우를 받아야 하다니. 죽어라 패고 나서 약 발라주고. 차라리 됐으니까, 가증스러우니까, 아빠 손 닿는 게 더 아프고 더러우니까 약도 바르지 말라고 하고 싶었다. 그런데 나는 말 한마디 못했다. 또 맞을까봐 겁이 나서 가만히 있었다. 엄마가 왜 그렇게 바보같이 맞고 또 맞으면서도 같이 살았는지 알 것도 같았다. 더 맞을까봐 무서워서 그냥 산 것 같다. 하고 싶은 말도 못하고, 아무것도 할 수 없었다. 몸과 마음이 아파서 울기라도 하면 그 사람은 울지 말라며 때리기도 했다.

"울지 마. 이제 아빠 말 잘 듣고 여기서 살면, 동생도 오고 엄마도 와서 같이 살 거니까."

그 사람은 내가 왜 그렇게 같이 살기 싫어하는지 정말 모르는 것처럼 행동하고 말했다. 그 사람이 내 몸에 손을 대기 전만 해도 나는 그 사람을 아빠라고 생각했다. 그런데 지금은 아니다. 그래서 그런지 그 사람의 손길이 무섭고 더럽다. 꼭 무슨 일이 일어날 것만 같았다.

★

　그날 밤은 막냇동생, 나, 그 사람이 안방에서, 친할머니가 건넛방에서 잤다. 그 사람이 내 몸을 지난번처럼 만지면 어떻게 할지 걱정이 되고 겁이 났다. 외할머니네는 붉은 전구를 켜놓고 잤는데, 여기는 모든 전깃불을 끄고 깜깜한 방에서 잠자리에 들었다. 그래도 창호지를 붙인 뒷문으로 밝은 달빛이 들어오고 있어 다행이었다. 나는 그 사람과 막냇동생이 잠들 때까지 기다리려 했다. 어느새 잠이 든 모양이다. 갑자기 숨이 막히고 답답해 잠에서 깼다. 눈을 뜨니 밝은 달빛 때문에 어둠 속에서도 그 사람의 얼굴과 눈이 선명하게 보였다. 그 사람은 내 위에 있었다. 다리 사이로 까칠까칠한 털이 느껴졌다. 내 바지는 이미 벗겨져 있었다. 그 사람은 바지를 벗고, 딱딱하고 커다란 몽둥이 같은 뭔가를 내 다리 사이에 대고 있었다.

　"가만있어, 힘 빼고. 들어갈 수 있어. 처음엔 좀 아파. 가만있어 봐."

　나는 그 순간 아무 말도 할 수 없었다. 거친 털이 북실거리는, 딱딱한 몽둥이 같은 걸 몸에 달고 있는 그 사람은 그것으로 나를 죽이려는 것 같았다. 힘으로, 무게로 누르고 그 짓을 하려 들었다. 너무 아팠다. 나는 몸을 이리저리 피했다. 아무 말도, 아무 생각도 하지 못했지만, 내 몸은 자동으로 자신을 지키려 했다. 그 사람은 계속해서 공격을 했고, 내 몸은 계속 피했다. 그래, 공격이 맞는 표현 같다.

　"에잇, 가만있어 봐."

갑자기 눈앞이 번쩍 했다. 그 사람의 커다란 주먹이 내 얼굴로 날아들었고, 순간 그 커다란 몽둥이 같은 것이 내 몸을 찢었다. 찢어진 게 어디 몸뿐이겠는가. 그 순간 내 마음과 영혼은 내 몸을 떠나 저기 어딘가로 가버린 듯했다. 있을 수 없는 일이다. 상상도 못한 일이 방금 내 몸에 일어났다. 쓰라리고 아팠지만 방금 때린 주먹으로 내 입을 틀어막고 있어 아무 소리도 지를 수 없었다. 그 사람은 그 상태에서 위아래로 몇 번 움직이며 내 몸을 더 아프게 하더니 몸을 부르르 떨고 내려왔다. 나는 이게 무슨 일인지 전혀 알 수 없었다. 뭐지? 왜 이러지? 아무 생각도 할 수 없었고, 아무 말도 할 수 없었다.

눈물도 흐르지 않았다. 죽이고 싶다. 죽고 싶다. 이게 뭐지. 그 순간 어두운 달빛에 반사된 그 사람의 검은 눈동자가 보였다. 나는 눈을 감았다. 자는 척해서라도 지금 상황을 인정하지 않고 지나가고 싶었다. 10분도 안 되는 사이에 도대체 내게 무슨 일이 일어난 거지? 눈물 한 방울 나지 않고, 잠도 오지 않았다. 그 사람은 이내 잠이 들어 코를 골았고, 나는 다리 사이가 찢어졌는지 아파 죽을 것 같았다. 달님은 방금 전에 일어난 일은 전혀 모르는 것처럼 밝게 빛났다. 나는 한순간 내 속에 가진 모든 밝은 빛을 잃었는데. 진공 상태 같은 밤. 블랙홀에 나 혼자 빠진 것 같은 그날. 시간도 멈추고, 내 생각도 멈췄다. 나는 이제 어떻게 하지……. 도대체 내게 벌어진 일이 뭔지 모르겠지만, 큰일이 난 것만은 분명했다. 앞으로 어찌해야 하는지도 모르겠다. 분명한 것은 '이건 아니다'라는 내 내면의 소리다.

★

다음날 아침, 그 사람은 다른 때랑 똑같이 행동했고 아빠인 척 나와 동생을 챙기며 아침밥을 먹었다. 아빠 아닌데, 이제 나는 너 아빠로 생각 안 하는데. 친할머니가 장사를 하러 나가자, 그 사람은 나를 불러 팬티를 벗어달라고 했다. 그 사람은 내가 입고 있던 팬티를 챙겼다. 피 묻은 내 팬티를 보여주며 뭐라고 말도 한 것 같은데 기억이 나지 않는다. 나는 어떻게 해야 할지 생각할 수 없었다. 친할머니는 나를 무척 싫어했고, 시골집에는 전화가 없어 엄마한테 연락할 방법도 없었다.

친할머니는 집을 잘 비웠다. 낮에도 걸핏하면 집이 비었다. 다른 가족들은 다 어디로 가서 자리를 비운 것인지 잘 모르겠다.

"영서야, 이리 와봐. 자꾸 해야 길이 들어서 안 아프니까, 이리 와 한 번 하자. 그리고 집에 있을 때는 내가 치마 속에 팬티 입지 말랬지."

나를 위해 뭐라도 해주는 듯 말하는 꼴이 우습다. 일본 여자들이 입는 기모노에 관해 설명하면서 아무 때나 할 수 있게 준비하는 자세로 치마 속에 팬티를 입지 말라고 했다. 정말 저 정도면 또라이다. 5년 만에 만난 딸을 이런 식으로 대하다니. 거의 매일 나는 외할머니네 집을 생각하며 울었다. 울어도 소용없었다. 그 사람은 운다고 때리고는 또 그 짓을 했다. 강제로 그 짓을 하고 나면 더 찢어진 내 몸에 약을 발라가면서 하고 또 했다. 밤에도 하고, 낮에도 하고, 안방에서도 하고, 마루에서도 했다. 내가 울면 때리기도 하고 달래기도 했다. 달랠 때는 나를 업고 앞산으로 산책을 갔는데, 그럴 때마다 손으로 내 다리 사이를 만졌다. 나는 다른 사람들이 알아챌까 봐 창피했고, 그 모든 짓들이 더러웠다. 몸은 갈수록 아프고 지쳤다. 내 몸을 내 마음대로 할 수 없고, 딸을 장난감처럼 가지고 노는 아빠라는 놈이 죽도록 싫었다. 거의 매일을 울었다. 그 사람은 상처가 아물 새를 주지 않고 찢어진 상처에 또 상처를 냈다. 몸이 찢어지게 아프고, 마음도 짓밟힐 대로 짓밟혀 괴로웠지만, '아프다'고 느낄 여유도, 털어놓을 사람도 없었다. 그저 온몸으로 오롯이 견뎌낼 뿐.

마음의 아픔을 느낄 여유조차 없었다. 찢긴 몸, 언제 또 맞을지 모른다는 두려움, 아무에게도 도움을 청할 수 없는 막막함. 무엇보다 가장 두려운 것은 이런 삶의 끝이 보이지 않는다는 사실이다. 그 사람은 아빠라는 가면을 쓰고, 가족이라는 감옥 안에 나를 가둬둔 채, 영원히 쭉 이렇게 살아갈 것 같다. 친할머니 생일잔치 때부터 시작된 말할 수 없는 이 문제는 끝을 알 수 없는 수렁, 출구가 보이지 않는 미로 같다.

초등학교 5학년인 내가 혼자 풀기에는 너무도 어려운 여름 방학 숙제가 주어졌다.

'이건 아니다'는 정답은 알겠는데, 이 문제를 풀어갈 방법이나 과정은 전혀 모르겠다.

이건 아니다. 이건 아니다. 이건 아니다. 이건 정말 아니다.

아빠가 할 짓도, 딸이 당할 짓도.

그 사람에게서 벗어나기만 하면 행복할 줄 알았다. 그러나 벗어난 뒤에도 기다란 칼이나 화살처럼 내 가슴에 푹푹 박혀 있는 기억들은 계속 예측하지 못한 곳곳에서 아프게 쑤시고 올라왔다. 집을 나온 뒤 내 기억들, 상처로 여겨지는 일들을 기록하며 수도 없이 울었다. 내가 쓴 글을 다시 읽을 때면 처음 보는 이야기처럼 무섭고, 따갑고, 쓰리고, 아팠다. 수십 번도 더 읽고, 쓰고, 고치고 했는데도 거의 매번 운다. 처음에는 우는 게 너무 싫었다. 나 자신이 약해 보이고, 왠지 그 사람에게 다시 매 맞고 성폭력 당하는 것 같아 싫었다.

그런데 어느 날은 그냥 주저앉아 울었다. 편하게 울고 싶을 때까지, 눈물이 마를 때까지, 목이 쉴 때까지. 그때 오로지 자신을 위해 울고 위로하면서 조금씩 편안해지는 경험을 했다. 무심한 달빛 아래, 친할머니 생일잔치에서 겪은 소름 돋던 밤을 떠올리며 눈물 흘리고, 내 두 손으로 그때의 어린아이를 안아주는 것처럼 나를 꼭 안고 위로했다. 하루는 울면서 기도를 하고 있었다. 그러다가 떨어지는 눈물을 봤다. 그 찰나의 순간, 눈물방울이 빛을 만나 반짝였다. 내 아픔을 담은 눈물이 반짝이며 떨어졌다. 아무한테도 내가 아빠한테 더러운 짓 당했다고 말해주지 않던 야속한 달빛이 조용히 내게 용서를 비는 것 같았다. 내가 아빠한테 당하는 것을 보고만 있던 그 무심한 달빛이 떠올랐다. 멍하니 '이건 아닌데……' 하며, 아주 어려운 방학 숙제를 받은 것만 같던 그 밤의 어린 나를 위로하는 듯했다. 아무리 아픈 눈물도 빛을 만나면 반짝일 수 있다고 생각하니 나를 위해 더 많이 울어주고 싶었다. 내 인생에 지금은 햇빛이 비치니까 이 햇빛 아래 많이 울어야지. 편하게 힘들어하고 아파하며 그 기억들을 풀어줘야지. 말 못 하는 달빛까지 미워했으니 할 말 다 했지. 이제 나 편안해질 테다. 아물지 못한 상처가 새살이 될 때까지 편하게. 지금의 나를 있게 한 많은 기억 중 하나처럼, 상처가 새살이 될 때까지.

성폭력을 당하고 그 기억을 안은 채 사는 건 분명 쉽지 않다. 그러나 쉽지 않은 삶을 살아가는 내가 있는 그대로 힘들어할 수 있도록 풀어주는 시간을 통해 내 상처는 부드럽게 치유될 수 있을 것이다. 오기로 버티고 악으로 살아남는 수준을 뛰어넘는 여유로운 견디기. 부드러운 내면의 힘을 슬슬 키워야겠다. 지치고 힘이 빠져 축 처져 있는 시간을 못 견디고 나 자신을 엄격하게 대하는 편이었다. 그래야 무너지지 않고, 강해지고, 잘 살아남을 수 있을 것 같았다. 지금 생각하면 조금 더 여유를 가지고서 힘들어해도 내버려두고, 울면 눈물도 닦아주고, 떼쓰고 쓰러져 있어도 봐주면 좀더 좋았을 텐데 싶기도 하다.

그래서 요즘은 마음뿐 아니라 몸이 아프다고 신호를 보내와도 조금 더 여유롭게 내가 아파할 수 있도록 놔두려 하는 편이다.

'아프구나, 어디가 아파? 그래? 좀 쉬어, 괜찮아. 여유롭게, 부드럽게 쉬었다 가자.'

나를 토닥여준다.

나는 함께할 가족이 없어 그냥 스스로 토닥이고 챙겨주는 편이지만, 만약 함께하는 가족이 있다면 위로를 받아도 좋겠다. 혹시 성폭력에서 이제 막 벗어났거나 치유의 과정을 걷는 가족이 있다면, 조금만 더 여유를 가지고 대해줘도 좋겠다.

성폭력 피해를 당한 기억 때문에 힘들고 아파하는 친구가 지쳐 쓰러져 있을 때 가만히 곁에 있어주기만 해도 좋겠다. 친구가 울면 함께 울어줘도 좋겠지만, 눈물이 잘 나오지 않아 어렵다면 그냥 예쁜 손수건 한 장 들고 옆에 조용히 앉아 있자. 힘든 시간을 보내는 친구 곁에서 언제나 거기 있는 나무 같은 당신이 돼주기를 바란다.

당신의 연인이 나처럼 피해를 겪었다면 당신을 많이 힘들게 할 수 있다. 버텨줄 힘이 없다면 그 사랑 시작도 하지 마라. 내 짧은 연애 경험에 따르면 가까운 사이일수록 상처 때문에 돋은 가시로 찌를 확률이 높아지고, 더 깊이 찌를 수도 있으니까. 물론 성폭력 피해를 입었다고 해서 모두 그런 것은 아니겠지만, 내 경험에 비춰보면 연애 관계를 맺기가 참 어려웠다. 가장 믿고 가장 사랑하는 사람이 내 상처 탓에 내가 싫어지고 나를 버리고 떠날까 봐 두려워지면, 더욱 가시를 세우기도 했다. 그리고 정말 뜬금없이 아픈 기억들, 분노의 감정들이 속에서 치고 올라올 때면 미친 사람으로 돌변하기도 했다. 사랑으로 보듬을 자신이 없다면 적당한 거리에서 친구만 해주기를. 그러면 그 관계, 오래가기라도 한다.

상담받고, 치료받고, 이제는 좀 그 기억 지우고 잘살겠지 싶은 어느 날 갑자기 무너지더라도 조금만 더 기다려주자. 안 좋은 기억은 예상하지 못한 순간에 심장을 푹 찌르기도 하고, 머리를 쑤시기도 하고, 몸 곳곳에 더러운 흔적을 묻히고 다니기도 한다.

겁먹지는 말자. 아픈 기억 때문에 생긴 상처가 언젠가는 만져도 아프지 않는, 그때 여기에 상처가 있었지 하고 생각만 나는 분홍빛 새살이 되는, 그럴 날이 올 테니까. 그래서 내 팔뚝에 흉터가 남아도 내가 싫지 않고, 밉지 않고, 그 흉터까지 예뻐하며 같이 살아갈 수 있을 테니까.

새살이 돋으려면 시간이 필요하다.

6장

초경통

'이상하다, 입맛이 왜 이리 좋지? 요즘은 특히 양푼에 비벼 먹는 비빔밥이 최고란 말이야.'

원래 한 그릇 넘게 밥 먹는 일이 전혀 없는 내가 거의 매끼 두 그릇을 먹고 있다.

어린 마음에 키가 자라려나 생각하니 기분이 좋았다. 친할머니, 무엇하나 그 여자의 것을 좋아하지 않았지만, 맛있게 무쳐주는 무생채는 참 좋아했다. 그해 여름은 아무튼 비빔밥을 엄청 먹어댔다. 그러던 어느 날 너무 먹었는지 갑자기 '욱' 하고 토했다. 미련스럽게 많이 먹는다는 친할머니의 핀잔을 뒤로한 채 수돗가에서 먹은 걸 다 게웠다.

그때 그 사람은 뭔가 짚이는 게 있는지 이상한 질문을 했다.

"너 요즘 입맛 너무 좋고, 토할 것 같고 그래?"

나는 왜 저런 걸 묻나 싶으면서도 한편 알 수 없는 불안이 느껴졌다.

갑자기 밥맛이 뚝 떨어진다.

★

그 사람은 병원에 데려가기 전에 나를 붙잡고 교육을 했다. 걱정하는 듯한 눈빛으로 말했지만, 나는 안다. 그 사람은 나를 걱정하는 게 아니라는 것을.

그 사람 말에 따르면 내가 '임신'이라는 것을 했단다. 그 사람은 아무도 모르게 아이를 지울 일과 병원에서 어떻게 초등학교 6학년 아이의 임신을 설명해야 할지를 걱정하고 있었다. 나를 괴롭히는 그 짓을 내 앞에서는 당당하게 하면서, 다른 사람들한테는 어떻게든 숨기려고 내게 거짓말을 가르쳤다.

"아무래도 임신을 한 것 같아. 그러니 병원에 가서 검사부터 해보자. 만약에 임신이면 수술을 받아야 할 텐데…… 임신이면, 그래, 너 지난번에 산수 경시 대회 갔잖아. 그때 늦게 집에 오다가 길에서 모르는 사람한테 당했다고 하자. 그때쯤이라고 하면 될 거야."

나는 늦은 밤 누군지도 모르는 사람한테 그 짓을 당해 졸지에 임신까지 한 초등학교 6학년이 된 것이다.

어떻게 초경도 하지 않은 내가 임신을 하게 될 수 있다는 말인가. 나는 절대로 임신은 아닐 거라고 생각했다. 양호 선생님도 그렇게 말한 것 같고, 어디에서 듣거나 읽은 내용에서도 월경을 하는 사람이 임신을 할 수 있다고 했다. 그게 과학적인 설명이고, 그렇게 돼야 정상이고, 그래야 진리인 것이다. 그런데 왜 나한테 이렇게 비과학적이고 비정상적인 일이 일어날 수 있다는 말인가? 드라마나 영화에서도 이렇게 스토리를 짜면 너무 작위적이라고 할 판인데, 이게 현실 인생이라니. 초경을 위해서 내 뱃속에 준비되던 곳에 그 더러운 놈의 정자가 자리잡고, 생명으로 자라난 것이다. 말도 안 된다. 이건 말도 안 된다.

그런 교육을 며칠 동안 한 뒤, 하루는 병원에 가야 하니 학교에 가지 말라고 했다. 동생들도 학교에 가고 집이 비었다. 그 사람은 집이 비면 언제나 그래야 한다는 듯이 그 짓거리를 하려고 이부자리를 폈다.

"한 번 하고 가자. 한참 못할 수도 있으니까."

오전에는 그 짓거리 하고, 오후에는 산부인과에 데리고 갔다. 산부인과에 들어가서는 나보고 화장실에 가서 깨끗하게 씻고 검사를 받으란다. 아까 그 짓거리 한 게 걱정되는 모양이다. 디리운 놈, 나는 싫다. 내가 동조하는 것도 아닌데, 꼭 공범처럼 그 사람이 잘못한 것을 내가 숨겨야 하는 것도 정말 싫다. 아무튼 씻는 시늉이라도 해야 해서 화장실에 들어가 앉아 있었다.

산부인과 병원에는 다양한 높이로 배가 나온 아주머니들이 앉아 있었다. 그 아주머니들은 나 같은 꼬맹이가 왜 산부인과에 왔는지 의심스러운 모양이다.

쳇, 기분이 나쁘다.

'내가 잘못한 게 아니라구요. 아빠가 나를 이렇게 만들었어요.'

큰 소리로 말해주고 싶다. 아무튼 왜 내가 여기에 있는지 전혀 모르겠다는 표정을 지으며 순서를 기다렸다. 그 사람은 연신 귀에 대고 작은 목소리로 지겹게 지껄였다.

"잘 말해. 아까 말해준 대로."

겉모습은 인자한 아버지인 양 딸애를 걱정하고 안쓰러워하는 표정이다. 그럴 때면 나는 그 사람의 얼굴 껍질을 벗겨버리고 싶었다. 아마 그 안에서는 사람이 아니라 오로지 성폭력만 하는 괴물이 모습을 드러낼 것이다.

드디어 내 순서가 돼 의사를 만났다. 남자인지 여자인지 기억이 나지 않는다. 소변 검사 결과를 보더니 의사는 대뜸 그 사람에게 물었다, 내가 아니고.

"임신이네요. 어쩌다 이렇게 됐나요?"

그 사람은 딸이 겪은 성폭력과 임신을 토씨 하나 틀리지 않고 연습한 대로 읊었다. 그러면서 아이 엄마는 지금 많이 아픈데, 이 사실까지 알면 정말 위독해질지 몰라 절대 알릴 수 없어서 아빠인 자신이 어쩔 수 없이 데려왔다고 했다. 저 말은 연습할 때도 없었는데, 어쩌면 저렇게 말하면서 거짓말을 완성하는지 신기했다. 엄마가 아니라 아빠하고 산부인과를 찾아온 사실을 의사가 의심할지도 모르니 그 방어막까지 완벽하게 구축한 셈이다.

의사는 계속 초음파를 보면서 말했다.

"그런데 아버님이 말한 그 시기면 아이가 이렇게 크지는 않을 텐데요. 아까 말씀하신 그때쯤이면 이제 8주여야 하는데, 지금은 12주가 넘은 것 같은데요."

순간 잠깐의 정적이 흐르더니 그 사람은 매서운 눈초리로 나를 쏘아본다. 속으로 '너 또 무슨 일이 있었던 거니?'라고 묻는 듯 의심 가득한 표정을 짓더니 묻는다.

"또 다른 일도 있었니? 어떻게 된 거니?"

더 숨기지 말아라, 아빠가 다 이해한다, 뭐 이런 얼굴. 기가 막히다가 맥이 풀렸다. 나는 졸지에 행실이 좋지 않은 초등학교 6학년이 됐다. 그 사람은 자신이 딸의 모든 잘못을 끌어안으려 노력하는 아빠라도 되는 것처럼, 언제 누구에게 당한 일이건 별문제 아니라는 듯 임신 중단에 관해 의논하기 시작했다. 의사는 자기네 병원은 가톨릭교회에서 운영해서 임신 중단 수술이 안 된다며 다른 도시에 있는 병원을 소개했다. 나는 그 사람의 손에 이끌려 다른 산부인과에 갔다.

여기서도 나는 잔뜩 배가 부른 행복하게 보이는 아주머니들 틈에 생뚱맞은 표정으로 앉아 있었다. 꼭 엄마 따라온 것처럼, 내가 산부인과 환자는 아닌 것처럼 보이고 싶어서 말이다. 그러나 어김없이 내 이름은 불렸고, 나는 의사 앞에 앉았다. 의사는 이미 이전 병원 의사가 준 소견서

와 초음파 사진을 보고 다 알아서 다른 궁금한 것도 없는 듯했다. 일단 오늘 당장 시술부터 하자고 했다. 태아가 너무 자란 상태여서 그냥 수술은 안 되고, 약물을 넣어 돌려서 태아를 낳는 시술을 해야 한다고 했다. 나처럼 조그만 13살짜리 아이가 12주가 넘은 생명을 지워야 한다니.

의사는 인자한 인상을 한 중년 남자였다. 남자 산부인과 의사라 싫을 만도 한데, 나는 그런 문제보다는 마냥 고마웠다. 이 더러운 걸 내 몸에서 꺼내줄 것이라는 사실만으로 말이다. 생명이라는 생각조차 안 들었다. 그냥 그 사람의 더러운 무엇이 내 속에서 자라는 것 같아 얼른 꺼내고만 싶었다. 의사 아저씨는 내가 어린 아이라 걱정이 됐는지 자세히 설명을 했다.

낯선 산부인과 시술대, 어른이 돼서도 눕기 싫어한다는 그 위에 누웠을 때도 나는 두려운 기분이 들기보다는 속이 시원했고, 빨리 끝내고만 싶었다. 의사 아저씨는 약 같은 걸 내 몸속에 넣어준 뒤 내일 아침에 다시 오라고 했다. 뭔지 모르지만 아팠다.

돌아오는 길에 그 사람은 미친 소리를 했다.

"네 엄마한테는 너 심장이 약해서 병원에 검사 다녀온다고 했으니까 허튼소리 하지 마. 그런데 나는 속으로 너무 걱정했다. 네가 아이 안 지우고 낳는다고 할까 봐. 고마워, 지금은 지운다고 해줘서. 나중에 어른 되면 그때 내 아이 가지면 되지. 외국에 나가서 내 아이 낳아서 살고 있으면 되지. 내가 한국에서 왔다갔다할게."

미친놈. 병원에 입원한 엄마한테 거짓말까지 해놓고, 내가 제 아이를 낳겠다고 할까 봐 걱정했다니. 미친 거 아니야? 그리고 내가 왜 네놈 아이를 낳아 외국에 나가서 키우고 사니? 내 정상적인 사고 구조에서는 절대 이해할 수 없는 사람이다. 하기야 그 사람을 이해할 수 있다면 사람도 아니겠지.

집에 돌아오니 친할머니는 딸내미를 병원까지 모시고 갔다 왔냐며 무슨 호강이냐고 한다. 자기도 아픈데 병원 가야 한다면서. 웃기는 모자다. '네, 부러우세요? 당신이 가세요. 산부인과'라고 말하고 싶다.

그런데 아까부터 배가 살살 아픈 게 심상찮다. 조금씩 점점 더 아파지는 듯해 두렵다. 이러다 집안 식구들이 모두 알게 되는 건 아닌지. 갑자기 집에서 아기가 태어나는 건 아닌지. 아까 병원에서 시술을 하고 난 뒤 내 몸속에서 뭔가가 움직이는 것 같다는 느낌이 들었다. 내 몸속에 있는 게 벌레 같았다. 그래서 그 벌레를 빨리 빼내고 싶었다. 그 벌레는 나름의 생명을 유지하려 하는데, 지우려 하니까 내 몸속에서 발버둥을 치고 있는 모양이다. 누군가 내 뱃속을 후벼파는 듯 아팠다. 아래로 뭔가가 밀고 나오려 했다. 의사 아저씨는 참아야 한다고 말했는데, 나는 더 참을 수 없었다. 뱃속에 들어 있는 것들이 아래로 다 쏠려 내려오려는 듯했다. 화장실에 가서 내 몸 밖으로 뭔가가 쏟아져 나오는 것을 봤다. 피묻은 뭔가가 쑥 빠져나왔다. 이제 끝이구나. 이제 나갔구나. 내 몸의 불순물이 나갔구나. 나는 이게 정말 끝이기를 바라며 잠이 들었다.

다음날 아침, 한결 가벼운 마음으로 의사를 만나러 갔다. 나는 대뜸 시원한 목소리로 말했다.

"어제 화장실에 갔더니 뭐가 쑥 나왔어요. 이제 끝난 거 아닌가요?"

얼른 이 시간이 지나가기를 바라는 어린애의 심정이 오죽했을까.

의사는 진찰대 위에 누운 나를 꼼꼼히 살피더니 안색이 어두워졌다.

"아무래도 오늘 입원해야겠다. 아프겠지만 참아야겠는데, 어제 넣어 준 약이 나와서 다시 시도해야 할 것 같다. 배가 많이 아프겠지만, 내일 이면 끝날 거다."

이대로 시술대 위에서 배를 갈라서라도 빨리 꺼내달라고 말하고 싶 다. 내 속에서 그 인간에 관련된 무엇이 꿈틀거리고 자리잡고 있다는 것 이, 게다가 죽지 않으려고 저러고 버티고 있는 것이 징그러웠다. 꼭 그 사람이 내 속에 들어와 있는 듯한 느낌까지 들었다.

간호사가 산부인과 환자복을 입으라고 가져다줬다. 어린 것이 참 안됐다는 동정과 어떻게 하고 다녔길래 저렇게 어린 아이가 임신을 했을 까 하는 의심이 동시에 담긴 그 얼굴을 계속 마주하는 게 힘들었다. 내 가 왜 이렇게 됐는지, 언제쯤 말할 수 있을까?

그 사람은 계속 이중인격자로 행동했다. 의사와 간호사, 다른 환자 들 있는 곳에서는 딸애 때문에 걱정돼 죽겠다고 했고, 애엄마까지 아파 서 어쩔 수 없이 아빠인 자기가 이런 일까지 하게 됐다고 하소연했다. 분 명 저 존재는 사람이 아니다. 나중에 커서 알게 된 목사님은 말했다.

"네 아빠는 '악' 그 자체인 것 같다."

악 그 자체라. 순수한 악? 그래, 그 사람은 순수한 악이라고 표현하 는 게 좋겠다. 아무튼 그 사람은 1인용 병실을 빌렸다. 집안 형편도 어렵고 당장 돈도 없는데 왜 그랬겠는가? 내가 다른 사람들한테 이야기라도 할까 봐 1초도 내 곁에서 떨어져 있지 않았다. 1인용 병실로 데려다놓고 서야 안심하는 듯했다.

"정말 네가 순순히 중절 수술 받는다고 해줘서 고맙다. 네가 애 낳는다고 떼쓰면 어쩌나 너무 걱정했는데. 아무튼 의사나 간호사한테 쓸데없는 말 하지 말고."

정말 '순수한 악'이나 생각해낼 수 있는 말들이다.

의사가 또다시 몸속에 무엇을 밀어넣었는지 배가 쓸려 내려오는 느낌이 주기적으로 나를 괴롭히기 시작했다. 처음에는 그냥 배가 아픈 정도였는데 시간이 흐르면서 어두운 밤하늘처럼 내 뱃속이 검게 썩어가는 듯 쓰리고 아팠다. 주기적으로 찾아오는 통증을 체크하러 간호사가 오고가는 간격이 짧아졌다. 그만큼 통증은 깊이를 더해갔다. 뱃속에서 칼을 든 작은 악마가 춤이라도 추고 있는 모양이다. 처음에는 소리를 안 지르려고 입을 꽉 다물고 있었는데, 어느새 나는 고래고래 소리를 지르고 있었다.

"배 아파, 아프단 말이야. 아악! 나 안 아프게 해줘."

나중에는 '배'라는 단어도 제대로 발음할 수 없을 정도였다. 이제는 순간순간 정신을 놓았다가 깨어나고, 겨우 신음 소리를 뱉다가 또 까무러치기를 반복했다.

"의사 불러줘, 악! 다음부터 나한테 이러지 마. 다음에는 제발 하지 마, 제발, 너무 아파."

그 사람에게 간절하게 부탁하고 또 부탁했다.

그 사람은 알았다며 고개를 끄덕였다. 그런 정신에도 그 사람이 하도 무서워 간호사가 없을 때만 부탁했다. 나는 또 정신을 놓았다.

죽을 듯한 통증에 눈을 떴다. 입원하고 나서 시간이 얼마 되지 않을 텐데 열 달은 거기에 누워 있던 것 같다. 나는 간호사에게 계속 부탁했다. 빨리 의사한테 내 뱃속에 있는 것 좀 꺼내라고 얘기해달라고. 밤새 엄청 소리를 질러댔다. 간호사도, 의사도, 다른 환자들도 조용히 하라는 말을 하지 않았다. 아무튼 세상에 태어나 그렇게 소리를 질러본 일은 처음이자 마지막이다. 간호사는 아직 수술할 수 있을 정도가 아니라서 조금 더 기다려야 한다는 말만 반복했다. '정말 아이를 낳는 거구나. 왜 내가 저 인간 때문에 이런 고통을 겪어야 해? 죽여버릴 거야. 이 뱃속에 것도 죽이고, 너도 죽여버릴 거야.' 생각하고, 다짐하고, 마음먹고, 머릿속으로는 벌써 그 사람을 열 번도 더 죽였다.

의사는 수술할 수 있을 때까지 기다려야 한다고 말하더니 친구 아버지가 돌아가셔서 금방 다녀온다며 나갔다. 이런 세세한 것까지 왜 이렇게 기억이 나는지. 간호사에게는 초상집이 가까우니 급하면 언제라도 연락하라는 말도 남겼다. 간호사는 몇 시간 뒤면 바로 수술을 하게 될 거라며 나를 위로했다. 사실 내게는 그때 시간의 흐름이 없어진 상태였다. 시간은 어딘가로 떠나며 나를 고통의 한가운데 멈춰 세운 것 같았다. 소리지르다 기절하고, 수십 년은 지나가버린 듯한 깊은 암흑 속에서 다시 깨어나기를 반복했다. 창밖이 점점 새까맣게 돼가는 것을 보며 밤이 깊어간다는 사실을 알았다. 수십 번은 더 기절하고 깨어났을 때 의사가 와서 나를 바라보고 있었다. 무척이나 안쓰러워하는 표정이었다.

"조금 있으면 괜찮아질 거다. 조금만 더 기다려보자."

의사는 일회용 비닐장갑을 끼고 내 몸속에 있는 것이 나올 기미를 살폈다. 내 마음은 이미 내보냈는데, 몸속에서는 동물적 모성과 거기에서 살아 꿈틀대는 그것의 생존 욕구가 힘을 합쳐 내 증오심과 힘겨루기라도 하나 보다.

'이건 진짜 애를 낳는 거구나.' 그런 와중에도 생명을 죽이려는 내가 잔인하게 보였고, 뭐라 말하기 어려운 죄책감도 들었다. 끔찍하게도 그때 내 뱃속에 있는 것이 살아 있는 사람처럼 움직였다. 발버둥치는 게 분명하다. 살려달라고, 살고 싶다고. 그렇지만 나도 정말 살고 싶다. 이 통증도 죄책감도 얼른 사라지면 좋겠다.

그 사람은 내가 중간중간 제발 다시는 이렇게 하지 말아달라고, 너무 아프다고 우는 소리를 들으면서도 고개만 끄덕일 뿐 눈물 한 방울 흘리지 않았다. 나보다는 자신의 피를 받은 생명체가 더 신경쓰인 걸까? 잠시 뒤 병실을 나갔다 오더니 조그만 곰 인형을 사왔다.

"애기 지우고 나면 죄책감 든다더라. 이거 애기 대신이다 생각해."

어휴, 저놈 머릿속에는 도대체 뭐가 들어 있는지. 그냥 입이라도 다물고 있어라.

아무리 배가 아파도 속으로는 계속 욕을 하고, 미워할 수 있었다. 재수없다. 이런 상황에서도 저런 이상한 생각을 해낼 수 있다는 것이.

또 시간이 흘렀다. 더는 소리도 못 지르고, 신음 소리를 내다가 기절하기를 계속 반복했다. 갈수록 기절한 뒤 깨어나는 시간이 짧아졌다. 그때를 떠올리려 하면 잘 생각나지는 않는다. 그래도 생생한 장면은 있다. 완전히 정신이 나가기 바로 전, 의사와 간호사 몇이 와서 나를 바퀴 달린 침대에 태워 밝은 빛이 가득한 방으로 옮겨갔다. 굵은 주사 바늘을 내 팔에 마구 꽂았는데, 하나도 아프지 않았다.

다시 눈을 뜬 때는 어스름한 새벽이었다. 주기적으로 찾아오던 통증이 멈춰 있었다. 그런데 내 몸의 한 부분이 무리하게 찢긴 듯했다. 커다란 기저귀를 차고 있었다. 정신을 완전히 잃어버린 사이에 수술을 한 모양이다. 사라져야 할 게 사라진 셈이다. 그 생명체는 얼마나 컸을까? 살아서 나왔을까? 죽어서 나왔을까? 궁금하지만 아무 말도 하지 않았다. 그 사람에게 필요 없는 오해는 받고 싶지 않았다. 혹시 '얘가 내 아이가 보고 싶었나? 내 아이에게 애정이 있었나?' 하고 개떡같은 오해를 할까 봐 묻지 않았다. 피로 흥건히 젖은 기저귀를 차고 누워 있는 13살짜리 나, 어쩌다 여기까지 오게 됐는지.

전혀 기억하지 못하는 순간이 내가 가장 정확하게 기억하고 확인하고 싶은 순간일 때 느끼는 답답함을 아는가? 내 상태를 체크하러 온 의사와 간호사에게 물었다.

"정말 끝났어요? 정말 나왔어요?"

다들 고개를 끄덕이며 힘들 테니 푹 자라고 했다.

1인용 병실로 돌아와 또다시 그 사람하고 있어야 하는 것이 괴롭다.

내가 왜 이렇게 살아야 하는지. 도움 청할 곳 하나 없이, 말을 못하는 것도 아닌 내가, 학교에서 발표도 잘하는 내가, 그놈의 더러운 짓거리에 관해서는 협박과 구타 때문에 농인처럼 지내야 한다니. 답답하고, 또 답답했다. 나는 병실에서 다시 한 번 그 사람에게 말했다.

"다시는 나를 이렇게 만들지 말아줘요. 제발 다시는 하지 말아줘요."

그 사람은 알았다고 하면서 일단 자라고 했다. 그 말에 안심한 나는 적어도 오늘밤은 더러운 짓 없이 지나갈 수 있겠지 싶은 생각에 몸도 마음도 침대에 녹아들어가듯 잠들었다. 잠잘 때는 내 의식이 그 사람하고 함께하지 않아도 된다. 좋은 시간이다. 그래서 그런지 나는 죽은 듯, 내 정신을 그 사람이 존재하는 세상에서 완전히 단절하듯 깊은 잠을 잤다.

아침이 됐다. 미역국이 나왔다. 나는 산모인 거다. 누가 뭐래도 내 몸은 산모다. 먹었는지 안 먹었는지 기억은 나지 않지만, 메뉴는 정확히 생각난다. 의사는 병실에 와서 이제 좀 어떠냐고 묻더니 자기 운전기사에게 말해뒀으니 퇴원해서 집까지 자기 차를 타고 가라고 했다. 의사의 친절함을 확인한 순간 어떤 생각이 스쳤다. '도와달라고 얘기할까?' 집에 가면 그 짓을 또 하지 않겠다는 약속이 없던 일로 될까 봐 걱정도 됐고, 도움을 청하면 어떻게든 도와주지 않을까 싶었다. 다른 한편 겁도 났다. 친아빠가 친딸한테 초등학교 5학년 때부터 6학년인 지금까지 거의 매일 강제로 그 짓을 한다는 게, 보통 사람들은 상상도 하지 못할 이야기라 나도 어떻게 도움을 청해야 할지 몰랐다. 아빠라는 사람은 이런 내 눈빛을 읽었는지 고맙다고 하면서 우리 딸애한테 신경을 써주셔서 감사하다는 둥, 앞으로는 우리 애가 저런 일 당하지 않았으면 좋겠다는 둥 떠들었다. 나를 안쓰러운 눈빛으로 바라보는 척하며 병실에서 끌고 나왔다. 운전기사는 아무 말 없이 나와 그 사람을 집 앞까지 데려다주고 갔다. 차 안에서 어떤 말을 나눈지 기억은 없지만 가증스러웠다는 느낌은 남아 있다. 그 사람이 아빠인 척을 더럽게 많이 한 것 같다.

차에서 내려 일어서는 순간 온 땅의 중력이 내 뱃속을 끌어내리려는 것 같았다. 나는 엉거주춤한 자세로 부축을 받으며 겨우 걸었다. 어른들이 말하는 '밑이 빠질 것 같다'는 말이 이런 느낌일까? 뱃속에 들어 있는 것들이 쏟아져 내릴 것 같았다. 커다란 기저귀를 찼지만 그 정도로 막아낼 수 없을 것 같았다. 계속 하혈을 했다.

평생 기억할 초경통이 시작됐다.

그날 이후 나는 죄책감, 아기를 죽였다는 죄책감에 한동안 시달렸다. 길에서 엄마들 손을 잡고 지나가는 조그마한 아기들을 보면 미안하고 죄스럽고 그랬다. 어떤 이유든 낙태는 안 된다는 종교인들의 말을 들을 때면 당신이 나처럼 더러운 꼴 당해서 아이 가지면 낳고 싶겠냐고 욕지거리라도 하고 싶었다. 세월이 흘렀다. 세월하고 함께 찾아온 따뜻하고 사랑 깊은 친구들의 애정과 보살핌이 내 속의 죄책감과 세상을 향한 분노를 조금은 씻어줬나 보다.

사람은 다양한 결정을 하고, 각자의 모양대로 살다 가는 것이겠지. 낳을 사람은 낳고, 떠나보낼 사람은 보내고. 영화 〈노스 컨츄리〉에서 성폭력을 당해 갖게 된 아이를 사랑으로 키워내는 주인공을 봤다. 이해할 수 없었지만, 이해할 수도 있었다. 내가 할 수 없다고 해서 그 결정이 정답은 아니고, 내가 할 수 있으면 다른 사람도 꼭 할 수 있어야 하는 것은 아니니까. 대학원생 시절 강의를 들을 때, 낙태를 찬성하는 견해를 논리적으로 주장하려고 얼마나 많은 자료를 보고 준비했는지. 지금 생각하면 웃긴다. 내가 생명을 떠나보낸 사실 때문에 갖는 죄책감을 떠나보내는 일은 그런 식으로 되는 게 아닌 듯하다. 내가 살인자처럼, 이기주의자처럼 느껴져도 그때의 나는 어쩔 수 없었다는 것을 있는 그대로 받아주고, 진심을 담아 보듬어주면 되는 것을.

7장

그 속에서 살아남기

징그러운 초경통을 겪고 난 나는 이제 어린애가 아니었다.

나는 이제 전혀 다른 사람이 됐다. 내 눈에 나는 더는 귀엽지도 않고 사랑스럽지도 않은, 어린애가 아니지만 그렇다고 어른도 아닌 이상한 존재가 됐다. 나이는 아직 어리지만 몸은 다 큰 어른이나 겪을 만한 일들을 너무도 짧은 시간 동안 몰아서 겪고 있으니, 마음이 몸을 못 따라가는 듯했다. 아니, 따라가고 싶지 않은데 억지로 끌려가며 버거워했다.

그 뒤 말이 더 없어지고 농인처럼 사는 습관이 몸에 배기 시작했고, 걸핏하면 여기저기 아팠다. 다른 아이들이 힘들다고 징징대는 모습은 다

하찮게 보이고, 우스웠다. 그까짓 것 가지고 뭘 저러나 싶고, 세상만사가 마음에 들지 않았다. 학교에서는 날이 갈수록 더 왕따가 됐지만, 나는 오히려 그게 편했다. 어차피 이 학교에서 나를 이해할 수 있는 사람은 아무도 없으니까. 지구에 혼자 사는 사람처럼 외롭게 하루하루 견디며 초등학교를 졸업했다.

중학교는 버스를 타고 읍내까지 가야 했다. 그 사람은 내가 버스를 혼자 타고 다니지 못하게 했다. 모든 일을 제쳐두고 매일 아침 나하고 함께 학교 가는 버스를 탔다. 1시간에 4번 다니는 버스라서 학교 가는 시간이면 차가 터져버릴 정도로 많은 사람이 탔다. 버스를 타면 그 사람은 뒤에 딱 붙어 서서 내 엉덩이에 그 더러운 물건이 닿게 했다. 버스 안에 있는 많은 남자들의 몸이 닿을까 걱정돼 그렇단다. 그러면서 매일 내 귀에 대고 이 세상 어느 아빠도 딸에게 하지 않을 말을 해댔다.

"이년, 눈 돌아가는 것 봐, 이년. 지 에미랑 똑같애."

"야, 이년아! 저 새끼가 붙잖아. 여기 내 앞에 서 있어."

이리 밀리고 저리 밀리는 만원 버스에서 그 사람은 내 귀에만 들리는 작은 소리로 미친놈 뻘소리를 지껄였다. 아마도 나는 이때부터 그 사람을 무서워하기보다는 우스워하고, 무시할 수 있게 된 것 같다. 매 맞는 게 무서워 표현할 수는 없었지만, 속마음은 그랬다.

그 사람이 지껄이는 개소리를 확성기로 크게 틀어서 세상에 들려주고 싶던 내 소원 좀 풀려고 지금 이 글을 쓴다. 혼자서는 '내가 이상한 사람인가? 엄마가 이랬나?' 생각했지만, 지금 돌아보면 그 사람이 미친

거였다. 그 사람은 그렇게 매일 나를 따라 버스를 탔다. 학교가 끝날 때도 거의 날마다 학교 앞에서 나를 데려가려고 서 있었다. 사정을 모르는 선생님은 내가 몸이 약해서 아빠가 지극정성을 다해 키운다고 오해했다. 그러나 나는 그저 그 사람이 나라는 존재, 그러니까 마음대로 가지고 놀고 괴롭힐 나라는 존재를 가지러 온 것처럼 느껴졌다. 나는 그렇게 점점 물건이 돼가고 있었다. 그래서 그런지 학교에 있을 때도 나는 사물처럼 가만히 혼자 있었다. 사람들이랑 말을 섞는 것도 귀찮았다. 지금의 나를 이해할 수 있는 사람이 하나도 없는 지구에서 친구를 만드는 일은 점점 더 어려워졌다. 사람이 친구를 사귀는 것이지, 어떻게 물건이 사람을 사귈 수 있겠는가. 왕따를 당하던 초등학교 때하고 다르게 서로 다른 학교에서 온 아이들이 섞인 중학교에서는 말 걸어주는 아이도 한두 명 생겼다. 그렇지만 나는 여전히 아이들 속에서 자연스럽게 어울릴 수 없었다.

"나는 너희들하고 수준이 맞지 않아."

나는 늘 무슨 이야기를 나누다가 끝에 가서는 이런 말을 했고, 아이들은 그런 나를 재수없다고 했다. 내가 말한 '수준'은 고민의 수준이었는데. 내가 보기에 좋은 가정에서 그냥저냥 사는 아이들도 의외로 고맙고 기쁜 일보다는 불평이나 기분 나쁜 일에 관해 많이 이야기하는 것 같았다. 아이들은 주로 성적이나 좋아하는 오빠, 선생님 문제로 고민했다. 그때 내게 그런 일들은 1분 1초도 고민의 대상이 되지 못했다.

중학생이 돼 처음 배우면서 좋아하게 된 과목은 영어. 1학년 때부터 영어책을 달달 외우다시피 읽었다. 공부를 잘하고 싶은 마음도 있었고, 그 발음이 듣기 좋아서 더 열심히 한 것 같다. 학원 같은 곳은 보내주지도 않았다. 재미가 붙어서 그런지 열심히 했고, 영어 선생님도 잘한다고 계속 칭찬해줬다. 학교에서는 공부만 잘하면 선생님들도 예뻐하고 아이들에게는 부러움의 대상이 되기도 한다는 것을 파악한 나는 더 열심히 했다. 집에는 그 사람과 집안일이 기다리고 있으니 공부할 시간이 거의 없었다. 그래서 나는 수업 시간에 한 번도 졸지 않았다. 수업 시간에 졸지 않은 이야기를 하면 지금도 내 친구들은 의아하게 생각한다. 그때 우리 반 아이들은 그런 나를 신기하다고 하고 재수없다고 말하기도 했지만, 달리 시간을 낼 수 없던 내게는 학교 수업 시간이 유일한 공부 시간이었다. 그래서 재수없게 안 졸고, 집중하고, 질문하고, 열심히 공부했다.

중학교 때는 특별한 친구를 사귀게 됐다. 짝꿍이던 아이인데, 가끔 점심을 싸 오지 않아 내 도시락을 나눠 먹으며 친구가 됐다. 그 친구는 다른 아이들하고 별로 어울리지도 않았다. 나처럼 '재수없는 애'로 여겨지는 것 같지는 않았다. 그런데도 아무튼 내 짝꿍에게는 친구가 없었고, 그래서 자연스럽게 어울렸다.

"왜 도시락을 못 싸 와? 엄마가 늦잠 주무셔?"

나도 내 도시락을 스스로 싸 가지고 다니면서 당연히 도시락은 엄마가 싸야 한다는 투로 능청을 떨었다. 나는 아이들이나 선생님 앞에서는 언제나 힘들게 사는 티를 내지 않으려 노력했다. 그런 내 모습이 짝꿍 앞에서도 자연스럽게 나왔다.

"어? 왜 도시락을 계속 못 싸 오는데?"

"어……나, 사실은 고아원에 살아. 거기는 아침에 도시락을 싸서 주방에 쌓아두면 알아서 들고 와야 하는데, 늘 숫자가 모자라. 동생들도 먹어야 하는데 내가 매일 가져올 수 없어."

고아원에서 사는 사람을 직접 만나는 건 처음이라 어떻게 해야 할지 몰랐다. 그냥 앞으로도 내 도시락 같이 나눠 먹자는 말만 했다. 점심 먹을 때는 타원형 도시락 통에 든 밥에 숟가락으로 가운데쯤 선을 긋고 양쪽 끝에서 서로 먹기 시작했다. 지금 생각하면 집에서 두 개를 싸 와도 될 텐데 왜 그렇게 하나만 싸서 나눠 먹었는지 모르겠다. 나는 짝꿍을 통해 새로운 어려움을 알게 됐다. 먹고 싶은 것을 못 먹고 참아야 하는 고아원 아이들의 생활, 고아원에서 좋은 집으로 입양되기를 다들 바라지만 얼굴 예쁜 아이들부터 차례가 돌아온다는 짝꿍의 말. 짝꿍은 자기가 예쁘지 않아서 입양이 안 된 것 같다는 말도 덧붙였다. 얼굴 예쁜 애들이 입양도 잘될 뿐 아니라 고아원 선생님들한테도 더 귀여움을 받는 것 같다며 속상해했다. 옆 반에도 같은 고아원 친구가 있었는데, 그 아이랑은 거의 아는 척을 하지 않았다. 그 아이는 예뻐서 너무 잘난 척을 한다고도 했다. 한번은 짝꿍이 내 손을 가만히 쳐다보며 내 운명에 관해 말하기도 했다.

"너처럼 이렇게 가늘고 작은 손은 고생을 안 하고 산대. 그런데 나처럼 마디가 굵고 큰 손은 고생 많이 하고, 일도 많이 하면서 살 손이래."

"에이, 아니야. 네 손이 뭐가 그렇게 크다구 그래."

크긴 하다. 나랑 동갑인데 왜 내 짝꿍의 손은 고생 많이 한 아주머니들 손처럼 됐는지. 짝꿍의 눈에 슬픔이 가득하다. 어느 날 절 앞에 아기 울음소리가 나서 스님이 살펴보니 아무런 메모도 없이 버려진 갓난아이가 있었고, 그 뒤 스님 손에서 크다가 지금 사는 고아원으로 오게 됐다고 했다. 그래서 그 아이 이름은 불교 냄새가 났고, 사실 나이나 생일도 정확히 몰라서 스님이 정해줬다고 했다. 자신의 고통을 상처의 기준으로 삼고 사귈 만한 아이를 찾지 못하던 나는 짝꿍을 친구로 생각했다. 그렇지만 여전히 내 고통을 나눌 수는 없었다. 나는 농인처럼 짝꿍의 이야기를 들어주고 도시락을 나눠주는 정도로 만족해야 했다. 다른 아이들하고는 여전히 말을 섞지 않았다. 주로 혼자 앉아 있거나 짝꿍하고만 이야기하는 정도였다.

그러던 어느 날 복도에서 초등학교 때 나를 챙겨주던 오빠를 마주쳤다. 오빠는 늘 지어 보이던 수줍고 멋진 웃음으로 나를 반겼다.

"몇 반이니? 오빠는 2학년 ○반인데, 언제 연락해."

"……."

나는 아무 대답도 하지 못했다. 좋아하는 오빠 앞에 서 있기에는 나는 너무 더러워졌다. 아무 대답도 할 수 없었다.

오빠가 내 몸의 상태를 알게 된다면, 내가 아빠라는 놈한테 그런 더러운 짓을 당하고 산부인과에 가서 낙태 수술까지 받은 사실을 안다면, 나를 지금처럼 대하지 않겠지. 작년에 겪은 일, 다른 아이들은 전혀 상상도 할 수 없는 초경통의 경험은 나를 완전히 다른 사람으로 만들어놓았다. 초등학교 때 오빠를 좋아할 때만 해도 이런 이상한 느낌, 내가 더럽다는 느낌까지는 없었는데. 아무튼 그래서 나는 오빠가 던진 물음을 모른 척하고 지나쳤다. 그렇게 내 우정 섞인 풋사랑은 끝났다. 아빠라는 사람이 내게서 빼앗은 많은 것들 중에서 내 힘으로 어찌해볼 수 없는 일의 하나라는 생각이 든다. 어린 시절에 겪을 수 있는 일들, 남들이 추억이라 부르는 일들이 내게는 거의 없다. 그때 그 착한 오빠하고 친하게 지냈으면 여중생의 풋풋함과 싱그러움이 그 오빠의 순수함과 진실함을 만나《소나기》같은 사랑 이야기가 내 인생에서 한자리 차지할 수도 있었을 텐데……. 아빠라는 사람이 내게 준 상처는 몸에 남은 상처에만 그치지 않는다. 내 영혼, 내 시간들에 새겨진 상처에 견주면 몸에 남은 상처는 아무것도 아니다.

청소년기에 자연스럽게 경험해야 하는 것들 중 전혀 내 기억에 없는 일이 어디 풋사랑이나 첫사랑뿐이겠는가. 수학여행도 못 가고, 극기 훈련도 못 가게 했다. 심지어 전교 임원단 선거에 추천이 돼 나가게 된 때도 아빠라는 사람은 나를 밤새 패고 나서 후보를 사퇴하게 했다.

"너 남자애들이랑 어울려서 놀려고 그 짓 하는 거지?"

그것만이 아니다. 중학교 때 영어 말하기 대회에 학교 대표로 뽑힌 때도 남자애들하고 어울려서 왔다갔다하려고 저런다며 못하게 했다. 내가 몸이 약해서 못 내보낸다고 하자 영어 선생님이 집까지 찾아와 자기가 직접 데리고 연습해서 갈 테니 허락해달라고 부탁했지만, 절대로 보내주지 않았다. 그런 기회들, 그 사람 때문에 빼앗긴 내 삶의 기회와 시간들, 그 덕분에 쌓이게 될 내 추억들은 그 사람 때문에 사라졌다. 그런 생각이 밀려오면 더욱 그 사람을 죽이고 싶어진다. 나를 나로 살지 못하게 한 것이 진짜 속상하다.

그렇게 나를 더럽게 느끼게 된 뒤 몇 번 학교에서 그 오빠를 마주쳤지만 모른 척해야 했다. 아이들이 하는 이야기를 들어보니 오빠는 여전히 공부 잘하고, 반장도 하고, 여학생들 사이에 인기 있었다. 좋은 오빠인데 계속 모른 척하고, 눈인사 한 번 나누지 못했다. 지금도 가끔은 그 오빠가 생각난다. 착하고 좋은 오빠였는데, 그때 내가 왜 그렇게 인사도 못 하고 지나쳐야 했는지 그 오빠는 상상도 할 수 없겠지.

그런 상황에서도 나는 학교를 참 좋아했다. 왕따에 스타로 괴로울 만했지만 집보다 낫기 때문이었다. 그 사람하고 살아야 하는 공간만 아니라면 나는 재래식 화장실이라도 좋았다. 아무튼 학교라는 곳에서는 정말 많은 일이 있었다. 그나마 학교에서 지내는 시간은 숨쉬기 좋았다. 아이들하고는 잘 못 지내도 선생님들하고는 그럭저럭 잘 지냈고, 공부를 잘해서 칭찬도 많이 받았다. 학교에 있을 때는 그 사람이 없어 잠깐이나마 내가 사람이 되는 것 같아 좋았다. 사람으로 살 수 있는 유일한 공간, 학교. 그래서 나는 아이들 중 유일하게 방학을 싫어했다. 학교 다닐 때는 열심히 공부하고 발표도 곧잘 했다. 특히 좋아하던 영어 시간에는 영어 교과서 읽기를 잘해 칭찬을 많이 받았고, 영어 선생님도 나를 많이 시켰다. 그러면 신이 나서 큰 소리로 영어책을 읽었다. 그때는 힘든 일들도 잠시 잊을 수 있었다. 그 시절에 내가 사람으로서 칭찬받고 인정받을 수 있던 유일한 곳, 학교.

첫사랑이란 무엇일까? 우정 같고 사랑 같은 친구가 생겼다. 지나간 좋은 오빠를 향한 미안함은 소녀의 마음에 그리 오래 남지 않았다. 남녀 공학에 남녀 합반이던 우리 중학교는 다양한 아이들이 만나 재미있게 어울릴 수 있는 공간이었다. 우리 반에서 가장 키가 작고 눈이 유난히 크던 아이, 어떻게 알게 된 건지 기억나지 않지만 그 친구는 할머니가 시장에서 장사를 해 먹고산다고 했다. 엄마나 아빠 이야기는 일절 들은 적이 없어서 물을 수도 없었다. 그래서 그 아이하고도 친해진 것 같다. 고아원 아이나 할머니 손에 어렵게 자라는 아이, 그 정도는 돼야 고통을 겪은 내가 친구할 만한 사람이라 생각한 모양이다. 아무튼 나는 그 눈이 큰 남자아이를 무척 귀여워했다. 우리 반 아이들은 자기들한테 전혀 관심도 안 보이던 내가 그 두 아이하고 친하게 지내는 게 불만이었나 보다. 특히 남자아이를 두고는 여자아이들이 더 말이 많았다. 눈이 큰 아이는 그런 여자아이들 말에 전혀 신경쓰지 않고 나하고 친하게 지냈다. 사랑이 이런 건가 싶기도 했다. 밤에 하늘을 보면 정말 달 속에 그 아이 얼굴이 담겨 있기도 했고, 반짝이는 별들은 그 아이의 눈동자가 되기도 했다. 신기했다. 우리는 수업 시간과 쉬는 시간뿐인 학교에서 만나는 것만으로도 충분히 순수한 우정을 키울 수 있었다. 이야기도 거의 나누지 않았지만, 그냥 서로 좋았다. 그러나 어릴 적 감정은 그런 걸까? 중학교 2학년 때 기억에서는 눈이 큰 아이가 사라졌다. 어디로 갔을까?

중학교 2학년이 돼서는 엄청난 날라리랑 같은 반이 됐다. 2학년이 돼 처음 맞이하는 영어 시간, 잔뜩 기대가 됐다. 이제 막 첫 발령을 받은 영어 선생님인데 발음이 장난이 아니라는 소문이 돌았다. 드디어 종이 울리고 문이 열렸다. 작은 키에 통통한 몸매, 땡그란 눈을 가진 젊고 예쁜 여자 선생님이었다.

"여기 영서라는 학생 있니?"

나는 조용히 손을 들었고, 다른 아이들은 나를 쳐다봤다.

"그래, 네가 영서구나. 어디 영어책 좀 읽어볼래?"

"네."

방학 동안 영어책을 읽고 또 읽어서 거의 외우다시피 했다. 아마도 1학년 때 영어 선생님이 내 칭찬을 한 모양이다. 기분이 정말 좋았다. 자신감도 불끈 솟았다. 그런데 우리 반 날라리는 기분이 나빴나 보다. 내가 앉은 분단 맨 끝에 앉아 있던 그 아이는 영어 교과서를 읽는 나를 향해 휴지를 뭉쳐서 던졌다. 나는 그냥 모른 척하고 계속 읽었다.

"잠깐, 너 일어나. 얘가 영어책 읽는데 왜 귀 막고 휴지 던지고 그래? 네가 그렇게 싫어하면 얘도 너 싫어해. 어디 수업 시간에 휴지를 던져."

교실이 썰렁해졌다. 나는 가만히 서 있었고, 선생님은 그 아이를 불러내 야단치고 벌을 줬다. 그 뒤로 날라리는 계속 나를 괴롭혔고, 학기 초부터 나는 반 아이들에게 확실하게 찍혔다. 무슨 짓을 한 것도 아닌데 나는 '잘난 척하는 애'가 됐다. 일방적인 오해는 나를 더욱 움츠러들게 했고, 꽁꽁 입다물게 만들었다.

친구들이랑 어울리는 대신 혼자 책을 읽으며 쉬는 시간을 보냈고, 점심시간에도 거의 말없이 밥만 먹었다. 학교에서도 집에서도 속 이야기를 나눌 사람은 하나도 없었다. 집에서 학교까지 오는 길에도 그 사람은 내 뒤에 딱 붙어서 쫓아다니며 감시했고, 학교가 끝나면 교문 앞에서 기다리다가 집으로 나를 '가지고' 갔다. 그래, 데리고 다닌 게 아니다. 그 사람은 '나'를 자기 마음대로 가지고 다닐 수 있는 인형 정도로 생각한 것 같다. 학교라는 공간이 그나마 숨쉬기 편했다. 그러나 여전히 외로웠다. 외롭다는 말은 그때 내 감정을 표현하기에는 좀 싱겁다. 전 지구에 내 문제를 아는 사람은 나밖에 없고, 그 문제를 아무에게도 말하지 못하는 농인이 돼서 사는 외로움. 그런 와중에도 나는 내가 할 수 있는 만큼 학교생활을 즐기고 우정을 나눴다. '그래, 아빠라는 사람이 나를 아무리 감시해도 내게는 나만의 탈출구가 있을 거야.' 이런 생각의 싹이 내 속에서 자라기 시작했다.

영서의
한마디

그 사람은 그때 나를 자기 손아귀에 완전히 가뒀다고 생각할지 모른다. 그러나 나는 '그 속에서 무시하기'라는 나만의 방법을 통해 그 사람이 내게 저지르는 짓거리에 상관없이 그 나이에 최선을 다해 해야 하는 것들, 누려야 하는 것들을 할 수 있는 범위 안에서 열심히 해나갔다. 일상을 살아내는 것이 그때 나로서는 최선이었다. 학교 생활을 하고, 도시락을 싸고, 밥을 해 먹고, 아픈 엄마 대신 집안 살림 해가면서 밤이면 그 새끼한테 더러운 짓을 당하고, 반항하다가 때리면 맞고, 그럴 기운이 없을 때는 조용히 당하고.

조용히 반항하지 않고 당한다고 해서 내가 꺾인 것도 아니고, 포기한 것도 아니다. 그놈한테 동조한 것은 더더욱 아니다. 나는 그때 그 상황 속에서도 나를 포기하지 않는 것이, 내가 무너지지 않는 것이 최선이라는 것을 본능적으로 알았다. 누구도 내게 말해주지 않았지만. 그렇게 살아내는 것이 그 사람과 그 사람이 저지른 더러운 짓을 완전히 무시하는 방법이 아니었을까 싶다. 나는 그때도 학교에서 웃을 일이 있을 때는 웃고, 좋은 것이 있을 때는 좋아했고, 공부해야 할 때는 열심히 공부했다. 이 장을 읽으면 알 수 있을 것이다. 이 장에는 앞의 다른 장들하고 다르게 성폭력 사건 자체보다는 내 생활, 내 생각에 관한 내용이 더 많다. 이제 조금씩 내 삶에서 성폭력이 일어난 사실 자체보다 내가 어떻게 그 일을 헤쳐나가느냐에 집중하기 시작한 내 역사가 시작되는 순간이었다. 사실 그때는 집을 나온다고 해도 뾰족한 대책이 없었다. 나를 돌봐줄 사람이 있는 것도 아니고, 말할 수 있는 곳도 없었다. 성폭력상담소가 있던 것도 아니고. 아니, 성폭력이라는 개념 자체도 모르던 시절이니까.

혹시 당신에게도 엿같은 일이 당신의 의도에 상관없이 인생에 끼어든 적이 있는가?

'뭐야 이거?' 눈 한번 치켜뜨고 내 갈 길 가다보면, 무기력하게만 보이던 '그 속에서 무시하기'가 진정한 힘을 발휘하기 시작할 것이다.

눈에 힘 한번 꽉 주고.

발광 속에서
발광하다

그놈의 지랄 발광發狂은 날이 갈수록 더해갔고, 내 속의 살아남으려
는 빛도 발광發光하기 시작하던 어느 날.

'쾅!'

마른하늘에 날벼락도 없이 우리 교회 정문 앞 지붕 위에 달아놓은
나무 십자가가 땅으로 고꾸라졌다.

거꾸로 처박힌 십자가.

바로 그 순간이었다. 예수님을 진짜로 믿기 시작한 건.

목사이고 아빠이지만 개만도 못한 더러운 짓을 일삼는 그 사람이 직

접 만들어 세운 나무 십자가가 땅에 처박힐 때, 나는 생각했다.

'아, 신도 저 새끼를 버렸구나. 신이 이제야 신을 밥벌이 도구로 삼아서 살고, 내게 이런 더러운 짓거리 하는 저 새끼를 버리는구나! 이제부터 신은 내 편!'

'미안하다' 오용

그 사람의 지랄 발광은 나에게만 그치지 않았다.

가족들에게 운전을 가르치던 그 사람은 나랑 친한 동네 친구 한 명에게 필요 이상의 친절을 베풀며 운전을 가르쳐줬다. 그때 내 친구는 실업계 고등학교를 다니고 있었는데, 순진하고 어른들 말 잘 듣는 착한 아이였다. 그 사람은 내 친구네 학교가 끝나는 시간이면 학교에 데리러 가서 운전을 가르치고, 동생들과 내가 하교할 시간이 되면 순서대로 태우러 왔다. 나는 그냥 친구하고 함께 다니는 게 좋아서 내 친구에게 나쁜 일이 생길지도 모른다는 불안함을 애써 외면했다. 같은 동네에 사는 친구여서 그렇게 자연스럽게 우리 집 차를 타고 등하교를 하는 생활이 한동안 이어졌다.

그러던 어느 날, 갑자기 친구가 우리 차를 타지 않기 시작했고, 발걸음을 끊었다. 어떻게 된 일인지 궁금하지만 불길한 느낌 때문에 전화도 할 수 없었다. 답답하고, 두렵기도 했다. 그런 내 느낌은 적중했다. 학교를 마치고 집에 왔다. 그날도 정말 이상하게 집에 동생도 엄마도, 아무도 없었다. 정말 이상하다. 왜 그런 날에는 집이라는 곳에 그 사람과 나만 있는 것인지. 불쾌한 순간들은 늘 그렇다. 갑자기 그 사람이 내 앞에 무릎을 꿇었다.

"영서야, 미안해. 내가 너 배신했어. 나, 너 친구랑 잤어. 요즘 걔랑 거의 맨날 여관 갔어. 걔 장난 아니더라. 진짜 처녀였어. 처음 할 때 피가 어찌나 나던지, ᄀ 피 묻은 팬티도 내가 가지고 있잖아. 근데 걔가 나를 너무 좋아해서 겨우 끊어냈어. 나를 쫙쫙 빨아들이는 힘이 장난이 아니야. 나 근데 너한테 잘못하는 거 같아서 헤어졌어. 너한테 제일 미안해."

'미친놈, 개지랄한다. 야, 이 미친 새끼야, 난 친구한테 미안해 죽겠어. 내가 친구를 만나는 게 아닌데. 개새끼보다도 못한 새끼야, 뒈져라, 뒈져. 아, 그리고 기분 더럽게 그게 뭐가 나한테 미안해. 네가 나한테 미안하게 생각해야 하는 건 그게 아니야, 새끼야. 나한테 한 더러운 짓거리들이 미안해서 뒈져야 하는 거야, 이 미친놈아!'

나는 친구한테 미안하기도 했지만, 그 새끼가 나한테 미안해하는 게 더 개같았다. 개새끼(이 욕을 그 사람한테 할 때 이 세상 모든 개들에게 미안한 마음마저 든다. 그 사람보다 나은 이 세상 모든 개들에게), 씨팔 새끼, 뒈질 새끼…… 언제부터 나는 욕도, 미움도, 화도 내 속에서 충분히 내지르게 됐다. 기독교 신앙을 가지고 자란 나는 누군가를 미워하는 게 힘들었다. 특히 원수를 사랑하라는 말씀은 성경에서 지우고 싶었다. 그 말을 볼 때면 '그래, 아빠는 원수는 아니야, 그냥 죽일 놈이지' 하고 생각했다. 내게는 분명 원수 이상의 놈이 있고, 그것도 아주 가까이 두고 있는데, 이런 놈도 사랑하라는 것인지 헷갈리고 힘들던 시간이 있었다.

그러나 우리 집 교회 십자가가 쓰러진 뒤 나는 마음껏, 더 힘껏 그 새끼를 미워하고, 욕하고, 내 안에서 수백수천 번도 더 찢어 죽이고, 말려 죽이고, 씹어 죽였다. 미워해야 하는 대상을 마음껏 미워할 수 있는 것. 그런 마음이 내 안에서 힘을 키우고 상처를 치유하는 데 도움이 된 것 같다. 적어도 내 경우에는.

자동차 청소

그 사람의 지랄 발광은 집 안에만 머물지 않았다.

나는 자율 학습이나 보충 수업을 전혀 못 하게 했지만, 남동생들에게는 학교에서 하는 모든 활동을 다 하라고 시켰다. 그래야 집이 비고, 안전하게 그 짓거리를 할 테니까. 남동생은 밤 11시까지 자율 학습을 했다. 동생이 다니는 학교에서 집까지 오는 버스가 이미 끊기는 시각이라 차를 몰고 태우러 가야 했다. 그런데 어느 날부터 그 사람은 나를 태우고 가고 싶어했다. 나는 집안일 해야 한다, 숙제 있다, 이런저런 핑계를 대며 가지 않으려 했다.

그러던 어느 날은 그 사람이 아예 작정을 한 건지 화까지 내가며 동생을 데리러 가는 차에 나를 태웠다. 그것도 치마를 입으라고 했다. 무슨 짓거리를 생각해낸 건지 모르겠지만, 느낌이 좋지 않았다. 동생 데리러 가는 길은 1시간이면 넉넉한 거리인데, 그 사람은 2시간 정도 여유를 두고 집을 나섰다. 그 사람은 가로등이 하나도 없는 어두운 산길로 차를 몰았다. 오가는 사람 하나 없고 지나는 차도 거의 없는 산골짜기. 아마도 이 장소를 오래전부터 눈여겨본 듯 그 사람은 익숙하게 찾아와 골짜기 한 모퉁이에 차를 댔다. 깜깜한 어둠보다 더 무서운 것은 '도대체 이 사람이 이번에는 어떤 짓을 하려는 걸까?' 하는 오싹함이었다.

"산에서 바람 좀 쐬고 가자. 의자 좀 젖혀봐. 네가 하도 흥분을 못 하니까, 여기서 하면 불안해서 흥분이 될 수도 있거든. 네가 흥분을 못 하니까 나도 잘 안 되고. 여기는 사람들도 지나갈지 모르고 차도 지나갈지 모르니까, 흥분이 될 거야."

'너 진짜 미친놈의 수준을 넘었구나!'

그 사람은 여기서 정말 그 짓을 하려고 계획하고 준비한 모양이다. 차들이 쌩쌩 지나가는 길가에서 그 짓을 하려 하다니. 그것도 딸을, 아빠라는 사람이.

그 사람은 보조석 의자를 뒤로 젖히더니 나보고 누우란다.

"여기 누워, 치마 올리고. 이런 데 올 때는, 그러니까 매일 그렇게 치마 입어. 팬티 입지 말고."

나는 가만히 누워 있고, 그 사람은 또 내 위에 올라와서 씩씩댄다. 자동차 천장에 얼룩이 보이고, 청소를 한다고 하는데도 쌓인 먼지들이 보이고, 창문 옆에 달린 손잡이에 묻은 손때들이 보인다. 그 사람은 아직도 씩씩거리며 내 위에 있다.

'나는 지금 살아 있지 않다. 나는 사람이 아니다. 나는 물건이다. 나는 영서가 아니다.'

이게 내가 할 수 있는 전부였다. 그 순간에는.

"아휴, 소리 좀 내봐, 이년아. 여기 자리가 불편하네. 저기 뒤로 좀 가서 누워봐."

다시 뒷자리에 눕혀놓고 또 그 짓을 한다.

'참 더운 여름이네. 에어컨 끄니까 너무 덥다. 아, 언제 끝나나.'

이럴 때 나는 사람이 아니다. 나는 감정이 없다. 나는 인형이다. 나는 물건이다. 힘들어하기보다는 다른 생각을 하고, 빨리 이 시간이 지나기만을 바라는 그런 물건 같은 존재인 나. 그 사람이 가지고 다니며 아무때나 아무 곳에서나 그 짓을 할 수 있는 더러운 인형 정도였다. 아무 일도 없던 것처럼 동생을 태우고 돌아오는 길에 나는 속으로 걱정을 했다.

'혹시 차 안에서 저 새끼가 쏟은 허연 물 냄새가 나면 어쩌지? 동생이 눈치채면 어쩌지?'

창문을 활짝 열고 더러운 냄새와 시간과 느낌을 날려버리려 애를 썼다. 바깥 공기로 차 안을 청소하고 싶었다. 그러나 세상의 모든 바람을 불어넣는다 해도 모자랄 것 같다.

보충 수업

그 사람의 지랄 발광은 시도 때도 없이 이어졌다.

왜 그날은 학교가 끝난 뒤 그 사람이 나를 데리고 학교 근처 여인숙에 갔는지 알 수 없었다. 그 짓거리에 눈이 확 돌아버린 사람처럼 학교에서 나온 나를 차에 태우자마자 근처 시장통에 있는 허름하고 지저분한 여인숙으로 나를 데리고 들어갔다. 너무 부끄러웠다. 그 동네는 내 친

117

구네 엄마가 시장에서 밥집을 하고, 내가 좋아하는 남자아이네 할머니가
길에서 장사를 하는 곳이었다. 아는 사람을 마주칠까 겁이 나고, 누가
나를 알아보면 어쩌나 싶어 고개를 푹 숙였다. 부끄러워 죽고만 싶었다.
허름한 여인숙 아주머니는 딱 봐도 중학생처럼 생긴 나를 데리고 들어오
는 그 사람에게 말 한마디 없이 돈을 받고, 방으로 안내했다. 그 사람과
아주머니는 당당한데, 나는 죄인처럼 고개를 푹 숙이고 따라갔다.

"옷부터 벗어. 요즘 집에서 하기 어려워서 그래."

그 사람은 꼭 일주일에 몇 번은 해야지 안 하면 죽을병 걸린 사람처
럼 말한다. 빼먹으면 안 되는 수업을 빠진 것처럼 나를 위해서도 꼭 그렇
게 해야 한다는 말투다. 더 더럽다.

"오늘은 이렇게 해보자. 자, 뒤로 엎드려봐. 아니, 이렇게, 그래. 힘 빼.
좀 가만히 있어."

"아, 아파, 아……."

"좀 가만있으라니까. 그렇게 굵은 똥도 나오는 구멍인데 이 정도 못
들어가겠어. 가만있어, 좀."

"아, 진짜 아파, 아……."

"에잇, 가만있어. 이년아, 힘 빼고."

그날도 그 사람 뜻대로 안 돼서 화를 내고, 때리고, 괴롭히다가 그
짓거리가 끝난 것 같다. 그 일이 있은 뒤 학교 근처 시장에 갔다가 여인
숙 아주머니를 마주친 적이 있다. 아주머니는 나를 기억하지 못했지만,
나는 너무도 또렷하게 그 얼굴을 기억하고 혼자서 얼굴을 붉혔다. 부끄

럽고, 더러웠다. 그 짓을 하는 아빠라는 사람이나, 돈 좀 벌겠다고 어린 애 데리고 벌건 대낮에 여인숙 찾아오는 사람 받아주는 그 아주머니나, 다 미친 사람들이다.

나는 그 사람이 목사인 것하고는 상관없이 내 예수님에게 계속 기도하고 있었다.

'이런 악한 상황이 변할 거라고 믿어요. 바꿔주세요. 어떻게 해야 하는지 잘 모르지만 도와주세요.'

내 기도의 전부였다. 100일씩 17번을 기도했다. 1700일 동안. 끊임없이, 숨쉬는 시간의 대부분 그런 바람을 품고 살았다. 너무 힘들 때는 꿈속에서 혼자 울며 기도하기도 했다. 그 사람은 내가 기도하는 것까지 싫어했다. 어떤 내용으로 기도하는지 모르면서도 불안한 모양이었다. 어찌됐든 나는 그 사람이 만들어 세운 십자가가 땅에 고꾸라지던 날을 기점으로 더 완벽하게, 더 철저하게 그 새끼를 싫어하기 시작했다. 대놓고 무시하기도 했는데, 그럴 때면 언제나 기절하거나 죽지 않을 정도로 맞아야 했다.

처음 그 짓거리를 당할 때 꺼져버린 내 속의 밝은 무엇이 다시 빛나기 시작했다.

그 사람의 발광發狂은 나를 발광發光하게 했다.

경험한 일들을 쭉 정리하면서 내게 일어난 일을 견뎌낼 수 있게 해준 것이 무엇인지 차츰 알게 됐다. 상상하기도 힘들 정도로 재수없고, 더럽고, 아프고, 힘든 일들이 많았지만, 나는 그 어느 순간에도 자포자기하거나 될 대로 되라는 식의 생각을 한 적이 없었다. 아주 더러운 경험을 할 때, 죽을 만큼 힘들 때면 나는 '이게 끝이 아니다'는 생각을 강하게 붙잡았다. 견뎌내려고 특별한 노력을 한 것은 아니다. 그냥 그날그날 내가 해야 하는 일을 묵묵히 했다. 그리고 힘든 일을 견뎌낸 비법들을 무용담처럼 친구들이랑 나누고, 새로운 나만의 비책을 찾는 데 필요한 공부, 책 읽기, 사람 만나기 등을 했다. 또한 나한테 일어난 일 자체보다 그 경험을 가지고 무엇을 할지 고민하기 시작했다.

학생이니까 해야 하는 학교 수업 열심히 듣고, 숙제하고, 집에 와서는 밥하고, 빨래하고, 청소하고, 예수님에게 매일매일 '이 악한 시간이 끝나게 해주세요.' 기도하고, 잘 믿어지지 않아도 성경을 보면서 순간을 견디고, 하루를 견디고, 1년을 견디고, 10여 년을 견뎌서 지금까지 왔다. 일상을 유지하는 게 말처럼 쉬운 일은 아니었다. 그저 내가 아니면 아무도 내 인생 대신 살아줄 게 아니니 악쓰고 버텨냈다. 그러던 어느 날 단순히 버텨내는 것을 넘어 다른 생각을 하기 시작하면서 내가 경험하는 모든 일에 관한 인식이 달라졌다.

'내 잘못도 아니잖아, 미친놈이 개도 안 하는 미친 짓, 더러운 짓 하는 건데 내가 왜 쪽팔려? 난 꼭 이 집구석, 저 새끼 손아귀에서 벗어날 거야, 꼭!'

내가 겪은 경험들 탓에 수치스러워하는 그 거짓 감정에 사로잡혀 웅크려 울고 아파하기만 했다면, 지금의 내가 될 수 있었을까?

내게 일어난 일들은 내가 아니라 그 사람이 수치심을 느껴야 하는 일이라는 것을 그때부터 지금까지 계속 힘주어 생각했다. 힘주어 생각하지 않으면 스멀스멀 나를 잡아먹는 수치심에 내가 먹히고 말 것 같았다. 내 잘못이 아니다. 그 사람 잘못이다. 내가 경험한 오지 탐험, 생지옥 같은 일들 모조리 기억하고 이겨낼 것이다. 내가 겪은 모든 일을 단순히 나를 힘들게 하는 경험으로 남겨두지는 않을 테다. 그 사람은 자신이 저지른 짓거리들 때문에 벌을 받고, 수치를 당하고, 욕을 먹고, 가족들에게 외면을 당하게 됐지만, 나는 아니다. 지금도 어디든 힘없고 약한 이들에게 상처 주는 사람들이 있다면 빌을 받고, 또 받게 되기를 바란다.

피해자들이 흔히 갖게 되는 수치심은 가해자들에게나 던져주자. 특히 한국에서 성폭력 피해 경험은 서구 사회보다 더욱 큰 수치심을 갖게 한다. 이제 한국 사회도 피해자들을 수치심 아래 묶어두지 않았으면 한다. 성폭력은 성의 문제가 아니고 폭력의 문제니까.

내 경우만 봐도 혼자서 저절로 수치심을 벗게 된 게 아니다. 집을 나와 지내면서 교회 친구들이랑 집을 얻어 같이 살았다. 힘들 때면 술을 양껏 마시고 완전 뻗은 상태에서 업혀 오기도 했고, 그렇게 들어온 날은 울며불며 밤새 신세한탄을 하기도 했다. 그런 나를 친구들은 오랜 시간 사랑으로 참아줬다. 수치심과 분노에 사로잡혀 울부짖다 잠이 든 적도 부지기수다. 다음날이면 친구들은 따끈한 북엇국이나 콩나물국을 끓였다. 해장을 하고, 아무 일 없었다는 듯 하루를 또 살아내고, 일상을 회복하면 됐다. 친구들은 그렇게 내 일상의 든든한 버팀목이 돼줬다.

나는 참 운이 좋았다. 집을 나와 만난 한국성폭력상담소, 교회, 일터의 친구들 모두 내 상처를 수치스럽게 여기지 않았다. 그래서 나도 조금씩 내 상처를 수치스럽게 여기지 않게 됐다. 친구들은 상처를 통해 나를 본 것이 아니라 나를 통해 상처를 봐줬다. 친구들의 빛나는 눈들이 내 수치심을 씻어줬다.

수치심은 가해자에게나 던져주고, 당신은 오늘 해야 할 일을 하고, 먹어야 할 밥을 먹고, 자야 할 잠을 자기 바란다. 그러다 보면 당신이 겪은 일의 강도를 능가하는 당신 내면의 힘이 자연스럽게 일깨워지기 시작할 것이다.

오늘, 지금 당신이 여기서 할 수 있는 만큼만 하면 된다.

"경험은 당신에게 일어나는 어떤 일이 아니다. 당신에게 일어난 일들을 가지고 무엇을 했느냐이다." ― 올더스 헉슬리

9장

그때
그 사람들

1학년인가 2학년 때로 기억한다. 초등학생 시절 어느 날 아침 학교에 가는 길이었다. 트럭 한 대가 우리 옆에 멈췄다.

"얘들아, ○○국민학교 어떻게 가는지 아니?"

"네. 쭉 가다 저기서 오른쪽으로 돌면 되는데, 되게 가까워요."

"그래? 너희 거기 다니니?"

"네."

"그럼 같이 타고 가면서 알려주면 되겠네. 어서 타라."

"네."

그 남자는 도통 길을 모르겠다는 표정으로 진이와 내게 길을 물었고, 길가로 걷고 있던 나는 얼른 트럭에 올라탔다. 진이에게 학교에서 보자는 인사를 남기고. 남자는 내가 일러주는 대로 조금 가서 오른쪽으로 차를 몰았다.

"꼬마야, 거기 끝에 위험하니까 여기 가까이 앉아라."

나는 남자가 시키는 대로 트럭의 세 칸짜리 의자 중 가운데 작은 의자에 앉았다. 그러자 갑자기 한쪽 팔로 나를 끌어안았다. 더 깜짝 놀랄 일이 이어졌다. 남자는 짧게 자란 수염이 잔뜩 난 얼굴로 내 볼에 뽀뽀를 했다. 까칠까칠한 수염에 볼이 쓰라렸다.

"아저씨! 왜 그래요. 내려주세요!"

"가만있어 봐."

"아, 내려달란 말예요. 아, 내려줘!"

고개를 돌려 주위를 둘러보니 남자는 학교 가는 길이 아니라 다른 곳으로 차를 몰고 있었다. 여기저기 재개발 때문에 비어 있는 집도 많고 나지막한 야산도 많은 쪽으로 가고 있었다. 나는 있는 힘을 다해 소리를 치고 발로 찼다. 큰 소리로 울면서 계속 내려달라고 소리쳤다. 남자의 팔을 뿌리치고, 조수석 의자 맨 끝에 붙어 앉아 계속 소리치며 마구 발길질을 했다. 남자는 차를 돌려 다시 학교를 향해 운전을 했다. 나는 계속 내려달라고 울며 난리를 쳤다. 학교 가는 아이들과 학부모들, 교사들이 한둘 보이자 좀 마음이 놓였다.

"빨리 내려주세요."

"자, 여기지? 내려."

그 남자는 내가 다니는 학교를 알고 있었다. 학교 후문에 얼른 내려 주고는 쌩하니 가버렸다. 따끔거리고 쓰라린 느낌이 볼에 남은 채 교실에 들어갔다. 괜히 아이들이 내 볼을 쳐다보고 물어볼 것 같았다.

"너 볼이 왜 그렇게 빨개?"

아무도 뭐라고 하지 않았지만 나는 남자의 수염이 닿은 볼이 부끄러웠고, 어른들이 알면 왠지 나를 막 야단칠 것 같았다. 선생님들에게도, 외할머니에게도, 엄마에게도 말할 수 없었다. 바보처럼 길 물어보는 낯선 남자의 트럭을 탔다고 혼날 것도 같고, 볼에 남은 화끈거리는 느낌을 뭐라고 설명해야 할지 알 수 없기도 했다.

그날은 학교에서도 하루 종일 트럭 운전사의 수염 자국이 남은 내 볼이 신경쓰였다. 집에서도 엄마나 외할머니가 수염 자국을 알아볼까 봐 걱정이 됐다. 그날은 '쓰라린 볼따구니'로 기억되는 날이지만, 어느 누구하고도 그 쓰라림을 나눌 수 없었다.

지금 생각하니 초등학교 때 또 다른 찝찝한 기억이 있다. 우리 동네에는 동갑내기 아이들이 많았다. 학교에서 같이 놀지 않아도 동네에서 또래 아이들끼리 소꿉놀이, 숨바꼭질, 고무줄놀이 같은 놀이를 함께했다. 나는 어릴 때부터 뜀박질을 잘하지 못해 아이들 하는 놀이에서 그다지 뛰어난 축에는 들지 못했다. 그래서 자주 깍두기로 놀았다. 그러던 어느 날 동네 오빠 하나가 자전거를 타고 나타났다. 우리는 그 오빠가 자전거를 타고 나오면 너무 부러워 우르르 따라다녔다. 그만큼 우리 동네가 가

난했던 모양이다. 특히 우리들은 키가 작아서 혼자서는 그 자전거를 탈수 없었다. 그 오빠는 우리들이 놀고 있는 곳에 와서 자전거를 태워주겠다고 했다.

"오빠, 나요!"

"오빠, 나부터 태워줘!"

우리들은 서로 손을 높이 들고 목청을 높였다. 오빠는 순서대로 태워주겠다고 하더니 나부터 뒤에 태웠다. 나는 아주 신이 났다. 동네에 있는 내리막길을 단번에 신나게 내달려 아랫동네에 있는 학교 운동장까지 순식간에 갔다. 신나고 재미있었다. 오빠는 운동장 옆에 있는 작은 야산 쪽으로 자전거를 몰았다. 산 앞에 멈춰 서더니 한쪽 손으로 나를 들어 안았다. 그때 나는 엄마가 직접 만든 고무줄 치마를 입고 있었다. 오빠는 내 치마가 말려 올라가는데도 계속해서 나를 꼭 끌어안고는 자기 가슴 쯤에 밖으로 드러난 내 속옷을 닿게 하더니, 지금 말로 하면 '부비부비'를 했다. 산속으로 더 들어가려 하자 덜컥 겁이 났다.

"오빠, 그만 가요. 우리 할머니가 찾을 거예요. 왜 그래요? 오빠 올라가요. 저녁 먹을 시간 되면 할머니가 찾을 거예요."

"그냥 가만있어 봐. 알았으니까."

오빠는 그렇게 하고 가만히 있었다. 나는 너무 무서워서 계속 우리 동네로 올라가자고 했다. 그렇게 조금 있더니 오빠는 다시 나를 자전거에 태우고 올라왔다. 내려갈 때는 같이 타고 내려왔지만, 올라갈 때는 나만 자전거 뒷자리에 태우고 오빠는 자전거를 끌고 올라왔다. 나는 어떤 이야기도 나눌 수 없었고, 친구네 오빠인데 왜 나한테 이런 이상한 짓을 하나 싶었다. 내게는 길고 긴 시간이고 너무 무서운 경험이었는데, 친구들은 여전히 모여 놀면서 오빠가 자전거 태워주기를 기다리고 있었다. 나는 친구들에게 아무 말도 못 했다. 그 오빠는 또 다른 친구를 태우고 학교 운동장으로 내려갔다. 어른들한테 말하면 그 오빠네 엄마도 알고 친구도 알게 될 것 같아 왠지 부끄러웠다. 친구들에게는 어떤 일이 있었는지 모르지만, 그 뒤 오빠에게 자전거를 태워달라는 아이는 아무도 없었다. 가끔 동네에서 그 오빠를 볼 때면 눈도 마주칠 수 없었는데, 오빠는 평소처럼 우리들을 대했다. 아무도 이야기하지 않았지만, 다들 슬슬 그 오빠를 피하는 눈치였다. 그렇게 지내다 그 오빠네 집이 이사를 갔다. 그 뒤 그 일을 잊고 지냈는데, 어린 시절에 관해 글을 쓰다보니 이런 기억이 떠올랐다. 내 잘못도 아닌데 싶어 정리해보기로 했다.

★

초등학교 때 담임 선생님이 임신을 했다. 선생님이 아기를 낳으러 가는 동안 우리 반은 뿔뿔이 흩어져 다른 반에서 수업을 듣게 됐다. 요즘은 기간제 교사가 들어오지만, 그때는 그렇게 해결하고 넘어갔다. 그래서 40살 정도 된 남자 선생님 반에 배치됐다. 선생님은 아이들을 참 예뻐했다. 여자아이들만. 담임을 맡은 반의 어떤 여자아이를 특히 예뻐해서 늘 심부름도 시키고, 음악 시간에는 그 아이를 불러내 무릎에 앉힌 채 노래를 부르게 하기도 했다. 그런데 나는 아무리 생각해도 저렇게 하는 게 진짜 예뻐하는 것인지 의심스러웠다. 그 여자아이가 치마를 입고 오는 날은 치마 속으로 손을 넣어 엉덩이를 쓰다듬었고, 그 여자아이를 무릎에 앉힐 때도 너무 꼭 끌어안고 있어 눈을 어디다 둬야 할지 몰랐다. 나만 그렇게 생각하는 게 아니라 다른 아이들도 선생님의 그런 행동을 이상하게 여기고 수군거렸다. 그 선생님 반 아이들 중에는 선생님의 '예뻐하기'를 경험하고 기분 나빠하는 여자아이도 여럿 있었다. 아이들은 그 선생님을 '저질'이라고 했다. 나는 저질이 무슨 뜻인지 궁금했다. 다행히 선생님은 나를 예뻐하지는 않았다. 담임 선생님이 아기를 낳고 복직해 우리는 원래 반으로 돌아갔다. 어느 날 무슨 시간이었는지 모르겠지만, 나는 궁금한 게 있다며 손을 들었다.

"선생님, 애들이 ○○반 담임 선생님 저질이라고 하던데요, 저질이 무슨 뜻이에요?"

순간 교실이 조용해졌다. 선생님은 얼굴이 빨개졌다.

"영서야, 어디서 그런 말을 들었어? 그런 말 함부로 하는 거 아니야, 선생님한테. 앉아."

저질이 무슨 뜻인지 설명은 해주지도 않으면서 앉으라고 했다. 쳇, 궁금한데, 선생님도 모르나? 나는 어렴풋이 그 뜻이 무엇인지 알 듯도 했다. 저질이라는 단어의 뜻을 정확히 모르기도 했지만, 사실 나는 질문하는 형태를 빌려서라도 그 선생님의 저질스런 행동을 알리고 싶었다. 그러나 어떤 변화도 없었다.

그 뒤 국어사전을 찾아보고 '저질'의 정확한 뜻을 알게 됐지만 저질 선생님의 '예뻐하기'는 변하지 않았고, 나중에는 그 선생님의 '예뻐하기'를 독차지하는 여자아이가 다른 아이들에게 왕따를 당하기도 했다. 왠지 그 아이가 안쓰럽다는 생각은 들었지만, 내가 할 수 있는 일은 아무것도 없었다. 지금 같으면 그런 행동을 하는 교사는 학부모와 아이들의 항의를 받고 사회 문제가 되는 등 난리가 날 텐데, 그때는 그냥 선생님의 사랑과 관심으로, '예뻐하기'로 통과됐다. 젠장.

★

또 다른 저질 인간을 접한 곳은 지하철이다. 하루는 아빠라는 사람하고 지하철을 타고 어딘가로 가고 있었다. 아빠라는 사람은 지하철 같은 곳에서는 내 몸에 바짝 붙어 서서 몸을 비벼대거나 그 징그럽고 추한 무기를 대고 있었다. 더러운 새끼. 지금 생각해도 그 새끼는 몸에 살아 꿈틀대는 거라고는 그것밖에 없었다.

창밖을 보고 서 있는데, 그 새끼가 내 뒤에 서서 또 그걸 내 몸에 붙인 채 움직여댔다. 그걸 피했다가 몇 번은 내려서 맞기도 했다. 네가 성모 마리아라도 되냐는 말로 시작되는 미친놈 뻘소리를 듣고, 맞기 싫어 그냥 내릴 역을 세면서 지하철 노선도를 바라보고 있었다. 지하철아, 좀 빨라라. 속도 좀 내서 얼른 나를 내려주렴.

"미친 새끼, 저리 안 가?"

그 사람 목소리다. 고개를 돌려보니 어떤 나이든 할아버지뻘 되는 사람이 그 사람을 쳐다보며 도망가고 있었다. 그 사람이 내 뒤로 오더니 내게만 들릴 만한 목소리로 지껄인다.

"야, 이년아, 딴 놈이 뒤에서 만져주니까 좋냐? 내가 잠깐 저쪽에 가서 서 있었는데, 아주 저 늙은 놈이 네 뒤에 와서 엉덩이 만지고, 난리 났드만. 피는 못 속인다니까. 지 에미가 예전에 늙은 놈이랑 붙어먹더니, 이년도 똑같아."

"난, 아빠 줄 알았거든."

어쩌면 이 말을 아주 가까이 서 있는 사람들은 듣기도 했겠지. 이게 딸과 아빠라는 사람이 나눌 대화라는 말인가? 나는 정말 아빠라는 사람이 내 뒤에서 더러운 짓거리를 하는 줄 알았는데 또 다른 개새끼였다니. 더러운 새끼들. 몸과 생각, 행동을 그게 다 지배하는 새끼들. 저 인간은 자기가 만들어놓은 엄마에 관한 이상한 시나리오가 사실이라도 되는 양 아무렇게나 말한다. 저 새끼 머릿속에는 뭐가 들었을까? 인격도, 얼굴도, 몸도 없이 자지만 있을 거야.

얼마 전 어린이들을 대상으로 실험하는 텔레비전 프로그램을 봤다. 엄마가 아이들에게 모르는 사람이 같이 가자고 하면 절대로 따라가지 말라고 신신당부를 한 뒤, 그 아이에게 모르는 사람이 다가가서 엄마가 저기에서 기다리니 같이 가자고 말하면 따라가는지 지켜보는 내용이었다. 놀랍게도 많은 아이들이 엄마하고 한 철석같은 약속을 잊고 낯선 사람을 따라 차에 올라탔다. 전문가들은 아이들의 발달 단계상 그런 반응이 정상이라는 말도 했다. 아이들에게 물으니 자기들이 보기에 상냥하고 착한 사람 같았다고 답했다. 엄마들은 하나같이 아이들에게 다음부터는 절대 따라가지 말라고 야단치듯 말했다. 아이들에게 어린이 유괴, 성폭력의 예방 주사를 놓으려는 모습 같았다. 병균을 조금 넣어 몸이 견디고 나면 항체가 생겨 그 병에 걸리지 않게 하는 게 예방 주사다. 사회는 어린이 성폭력 예방책을 세워야 한다고 말한다. 그런데 그 예방 주사는 누구에게 놓아야 하는 걸까? 지금은 야단치고 다그칠 수 있는 아이들에게만 주사를 놓으려 하는 것 같다.

그렇다면 약한 성폭력을 당하게 할 것인가? 항체가 생겨 더 심한 성폭력을 당해도 견디낼 수 있게. 아니면 무서운 사례를 계속 이야기해서 겁을 주고, 아이들이 겁을 집어먹어 매사에 성폭력을 당하지 않으려고 조심하는 삶을 살게 할 것인가? 이것도 다른 의미의 성폭력 피해라고 생각한다. 모든 사람을 잠재적 피해자로 만들고, 직접 당하지 않았을 뿐 정신적이고 감정적인 성폭력 피해를 다 경험한 듯한 착각마저 들게 하는.

성폭력을 당할지도 모를 사람이 매사 조심하고 의심하는 게 성폭력 예방이 아니다. 성폭력 예방 주사는 모든 사회 구성원이 맞아야 하는 게 아닐까? 내 아이가, 내 친구가, 내 가족이, 내가 성폭력을 당할지 모른다. 그런 우리가 또한 이 사회. 성폭력을 바라보는 시선을 좀 바꿔서 피해자들이 자신의 피해에 관해 좀더 쉽게 말하고 도움을 청할 수 있는 사회를 만드는 것, 모든 사회 구성원들이 가해자가 되지 않도록 키우는 성교육을 하는 것, 아이들과 여성들이 혼날까 두렵거나 부끄러워 말하지 못하는 게 아니라 당당하게 자신이 겪어내고 극복한 일을 영웅담처럼 시원시원하게 말할 수 있는 문화를 만드는 것이 진짜 예방 주사가 아닐까?

내 짧은 삶 속에 아빠라는 그 사람말고도 존재하던 저질스런 '그 사람들' 때문에 당황스럽고 수치심을 느낀 경험을 이제는 새롭게 정리해보려 한다. 힘들어도 입 다물고, 야단 맞을까 봐, 동네 창피할까 봐 말하지 못한 '그 사람들'의 일들을 새롭게.

'그 사람들'과 나 사이에 생긴 일은 내게 비밀이 아니라 상처다. 그 사람들은 자기가 저지른 더러운 짓거리를 절대 말하지 않겠지? 경찰서에 가서 진술할 때도 뻥을 치는데. 그래서 내가 말하고 기록하기로 했다.

그 사람들에게는 숨기고 싶은 부끄러운 비밀일지 몰라도, 내게는 벗어나려 몸부림치고 시간과 노력을 들인 자랑스러운 치유의 역사이자 상처이기에. 그런 일이 제대로 아물지 않아 썩어가는 흉터가 되지 않게, 깨끗하게 아문 상처로 온전한 내 살이 되게 하고 싶다.

아빠라는 그 사람과 '그 사람들', 수염밖에 없는 트럭 운전사, 자전거를 이용해 먹잇감을 찾은 동네 오빠, 여자애들을 더럽게도 예뻐한 저질 교사, 지하철에서 부비부비를 한 늙은이. 자신과 나 사이에 있던 사건에 관해 그 사람들은 절대 글로 남기지 않을 것이다. 그런 기억들은 그 사람들과 나, 둘만 아는 게 대부분이다. 나는 그 사람들이 내게 저지른 짓 때문에 내가 부끄러워하지 않기로 결심했다.

그래서 내가 남겨야겠다, 죽기 전에.

산 1-1번지

경기도 ○○군 ○○리 산 1-1번지. 어느 해 4월 5일 동료들끼리 산에 갔다. 날씨가 포근하고, 불어오는 봄바람이 싱그러운 그런 아침이었다. 좋다, 내 편안한 일상이.

점심을 먹고, 느긋하게 산책을 했다. 햇살도 따사롭고 화창한, 기분 좋은 오후였다. 시골이라 대중교통도 없고, 오가는 사람도 적었다. 가끔 산악자전거를 타는 사람이 지나가는 정도였다. 낮잠이라도 한숨 자고 싶은 평온한 시골에서 오후를 보내고 있었다. 산속에서 화장실 갈 만한 장소를 찾던 중 가까운 곳에 있는 기도원에 들렀다. 동료들이 화장실에 들어가고 나는 기다리고 있었다. 그때, 그 평화로운 내 오후 속으로 자동차 한 대가 들어왔다. 운전자는 운전에 정신이 팔려 나를 알아보지 못했지만, 내려진 차창을 통해 나는 정확하게 그 사람을 알아볼 수 있었다.

바로 아빠라는 사람이었다.

다리에 힘이 풀렸다. 지금이 현실인지, 아니면 내가 깨어나려고 노력해야 하는 꿈인지 알 수 없었다. 가위에 눌린 듯 온몸이 순간적으로 얼어붙었다. 옆에서 들리는 사람들 목소리와 내 뺨을 스치는 봄바람이 아니었다면 소리라도 치면서 꿈에서 깨어나려 노력했을지도 모른다. 그런데 이것은 현실이었다. 현실, 진짜 내 삶 속으로 그 사람이 들어와 마주하게 된 것이다.

순간 그곳은 나하고 그 사람만 있는 진공 상태의 시공간이 됐다. 주변에 동료들이 있었지만, 나 혼자 그 공포스러운 시공간 안에 내던져졌다. 당장이라도 그 사람이 저 차에서 내려 나를 강제로 끌고 어디로 데려갈 것 같았다.

"야, 이년아. 너 때문에 내가 7년이 넘는 세월 동안 감옥에서 얼마나 고생했는지 알아?"

머리채라도 잡고 그 사람만을 위한 고립된 공간, 집구석으로 나를 끌고 갈 것 같았다.

평온하고 평화로운 내 일상 속으로, 내 안전한 시간 속으로 그 사람이 불쑥 들어온 전혀 예상하지 못한 그 순간. 나는 '겁' 속에 빠져버렸다. 아니, '겁'이 나를 삼켜버렸다.

그 순간 나는 없고, '겁'만 있었다.

'겁'은 몸이 느끼는 걸까? 마음이 느끼는 걸까? '겁'을 말로 표현할 수 있을까? 몸짓으로 표현할 수 있을까? 정말 겁이 났다고 말하고 나면 겁에 휩싸여 있던 감정이 좀 풀릴까? 어떻게 하면 이 기분 나쁜 '겁' 딱지를 떼어버릴 수 있을까?

나는 천천히 뒤돌아섰다. 그 사람 차가 몇 걸음 안 되는 가까운 곳에 있으니 갑작스레 몸을 돌려도 티가 날 것 같기 때문이었다. 나는 옆에 서 있던 팀장님에게 귓속말을 했다.

"아무것도 묻지 말고, 그냥 같이 저 밑까지, 안전한 데까지 같이 내려가줄 수 있어요? 같이 내려가줘요. 그냥 아무것도 묻지 말고, 뒤돌아보지도 말아요."

"그래."

한 발을 내딛는데 다리가 후들거렸다. 그 사람이 알아채고 뒤따라올까 겁도 났지만, 그 사람이 어떻게 하는지 뒤돌아보고도 싶었다. 그러나 고개가 돌아가지 않았다. 지금쯤 그 사람이 차에서 내려 내 뒷모습을 보고 따라오는 건 아닐까? 저 사람이 왜 이곳에 나타나? 일부러 찾아오라고 약도를 그려줘도 찾기 힘든 이곳에 저 사람은 어떻게 나타난 거야? 미친놈, 제 놈이 나한테 할 수 있는 최소한의 예의는 내 눈앞에 어떻게든 보이지 않는 거 아냐? 왜 저렇게 시퍼렇게 살아서 돌아다니고 지랄이야. 몸이 떨리고, 다시는 나올 것 같지 않던 눈물이 내 눈에서 솟았다. 이 눈물은 무엇일까? 두려움일까? 뭐가 두렵다는 말인가? 그 사람에게 여전히 두려움을 느끼는 내 몸을 향한 짜증도 눈물에 섞여 나왔다. 잘못한 것도 없는데 왜 도망가고 싶어서 더 짜증이 났다. 그러면서도 내 발은 여전히 그 사람에게서 한 발 한 발 멀어지려 필사의 노력을 하고 있었다.

한편으로는 당장이라도 돌아서서 그 사람에게 성큼성큼 걸어가고 싶었다. 내 속의 나는 계속해서 그 사람에게 따지러 돌아서고 있었고, 현실의 나는 조용히 그 사람에게서 멀어지고 있었다.

"야, 너 여기는 왜 왔어? 지금은 내가 여기에 볼일 있어서 왔으니까, 너 나가!"

시원하게 내지르고 싶은 마음도 있었다. 그러나 그건 어디까지나 내 머릿속에서 할 수 있는 소리였다. 현실의 나는 여름 같은 봄 날씨에 덜덜 떨며 차갑게 얼어붙었고, 눈물은 주체할 수 없이 흘러내렸다. 콧물과 눈물을 흘리고 있는 나 자신이 너무도 초라해 보였다. 멋지고 당당하게 뒤돌아서서 그 사람에게 따지고 싶은데, 내 몸의 어느 것 하나 그런 생각에 장단을 맞추지 않았다. 조용히 고개 숙이고, 흐르는 눈물 때문에 몸까지 떨어가며 그 사람을 피해 도망가고 있다니……. 너도 별수 없구나 싶어 더 눈물이 났다.

팀장님은 조용히 같이 걸었다. 내 몸에서는 내 머리로 어찌할 수 없는 눈물과 두려움이 흘러나와 나를 녹여버렸다. 내 몸은 머리도 마음도 넘어서는 뛰어난 감각을 지닌 듯했다. 적어도 그 사람이 입힌 상처를 떠올리는 일과 사정거리 안으로 들어온 그 사람을 파악하는 데는 그랬다. 두려움을 느끼는 데에 내 몸은 머리와 마음보다 더 예민했다. 눈에 보이지 않는 더듬이가 있는 것 같았다. 그 사람을 알아채는 더듬이.

나는 그 사람 탓에 내 '마음'과 '영혼'이 죽음만큼 힘든 고통과 상처를 입었다고 생각했는데, 동물적 감각으로 느끼는 '몸'은 관념적 두려움과 상처의 기억을 뛰어넘는 감각을 통해 아파했다. 내 몸은 또 맞을까 봐, 또 그 사람에게 끌려가 갇히고 원하지 않는 그 짓거리를 당하게 될까 봐 겁에 질려 있었다. 그 짧은 순간, 그 사람의 얼굴을 본 그 몇 초 동안 내 몸은 과거의 기억을 떠올리고, 또 어떤 두려운 일이 벌어질지 몰라 안절부절못하고 있었다. 160센티미터도 안 되는 몸이 그걸 느끼느라 부대끼고 있었다. 내 온몸, 내 모든 세포가 그 사람 때문에 겁에 질려 화들짝 놀라 깨어났다. 세포들도 하나하나 입을 열어 소리치는 것 같았다.

"너무 무서워. 너무 겁나. 어떻게 저 사람하고 이렇게 가까운 거리에 있을 수가 있지!"

몸의 미세한 떨림들이 계속돼 한동안 아무것도 할 수 없었다.

시간이 조금 지나 안정이 되자, 내가 잘못한 것도 아닌데 왜 도망가나 싶었다. 서로 마주치면 도망갈 사람은 내가 아니라 그 사람이라는 생각에 그 사람 앞에 당당하게 서 있고 싶기도 했다. 그래서 돌덩이라도 들고 그 사람 얼굴을 찍어주고 싶었다. 어떻게 얼굴 똑바로 들고 기도원에 들어서는지, 여기서 또 어떤 더러운 짓거리를 하고 있는지, 얼마나 많은 사람들을 속이고 있을지, 적어도 신경써서 내 눈앞에는 나타나지 말았어야지, 어디 하늘 아래 얼굴 들고 돌아다니다 나랑 마주치기까지 하나 싶어 화가 났다.

오후 일정을 접고 집으로 돌아오고 싶었지만 그렇게 할 수 없었다. 그러면 여전히 그 사람에게 내 삶이 휘둘리게 되는 것 같아 싫었다. 그 사람은 이제 더는 내 삶에 어떤 영향도 미치지 못한다는 것을 그 누구보다 '내 몸'에 알려주고 싶었다. 실컷 울고 난 뒤, 아무 일도 없었다는 듯이 내가 해야 할 일들을 했다. 물론 바로 2분 거리에 그 사람이 있었지만, 그 사람이 운전하던 차하고 비슷한 차가 지나가면 신경이 쓰이기도 했지만, 애써 무시했다. 나는 그곳에서 해야 하는 일들을 마치고서야 서울로 돌아왔다.

동료들이랑 헤어지고, 지하철을 타고 집으로 돌아오는 길에 친한 친구에게 전화를 걸었다.

"나 오늘 누구 봤을 거 같아? 나 오늘 산에 일 때문에 갔잖아. 누구 마주쳤는지 알아?"

이 질문에 정답을 말한 사람은 하나도 없었다. 내가 정답인 '그 사람, 아빠'를 말하면 다들 말을 잇지 못했다. 한 친구는 왜 기도원 화장실을 이용했냐며 기독교 쪽에는 오줌도 누지 말라고 농담을 했고, 다른 친구는 장난 아니라며 완전 내 삶이 영화 같다고, 드라마 같다고 했다. 나와 아빠의 악연을 아는 사람들은 그 이야기를 듣고 아주 기막혀 큰 소리로 웃기까지 했다. 나도 정말 어이가 없어 웃음이 나왔다. 내 글을 좋아하는 친구는 말했다.

"야, 너 이 이야기는 쓰면 사람들이 거짓말하는 줄 알겠다. 뭐 드라마 쓰는 것도 아니고, 너무 기가 막히잖아. 드라마 보면서 '에이, 어떻게 저기서 저렇게 우연히 만나' 말하는 그런 장면이잖아. 완전 대박인데."

그래, 기막히지. 그런데 그런 일은 내 인생에 수두룩 빽빽하다고, 쳇.

아무튼 15년 가까이 그 사람을 안 보고 살았는데, 심지어 동생들 결혼식도 가지 않으면서 만나지 않으려 노력했는데, 이렇게 어이없이 그 면상을 마주치게 되다니…….

'산 1-1번지 사건'이 벌어지고 몇 달이 지났다. 몸무게가 3킬로그램 정도 빠졌다.

나는 왜 내 삶을 글로 쓰고 있는 걸까 다시금 생각해봤다. 내가 아빠라는 사람에게 당한 성폭력 피해에 관해서는 그 사람이 절대 말하지 않을 것을 알기 때문에 내가 해야겠다고 생각했다. 그 사람은 기억하지 않아 말하지 못할 수도 있다. 아니, 기억하더라도 그 사람 처지에서 기억하겠지. 그러니까 감옥에 갔다 온 일을 억울해하지 않았을까? 나는 그 피해 사실을 기억하는 유일한 생존자다. 갑자기 언제인가 읽은 《안네의 일기》와 빅토르 프랑클의 글이 떠오른다. 독일군의 무차별 폭력과 죽음의 공포 앞에서 희망을 잃지 않고 산 순간들의 기록. 그 사람들이 쓴 글을 보며 울기도 하고 희망을 갖기도 했다. 역사적으로 인정받는 고통의 시간, 그 극복의 기록을 보면서 글을 써야겠다는 생각을 더 단단히 했다. 내 글을 쓸 것이다. 필력이 달려도 쓸 것이다. 글을 쓸 공간이 주어지지 않더라도, 아무도 읽는 사람 없더라도 쓸 것이다. 나를 위해, 이 글을 읽고 있는 당신을 위해.

내가 겪은 일은 역사적으로 누구나 기억해줄 수 있는 사건은 아니다. 아빠라는 사람 탓에 겪은 고통은 그 사람과 나 두 사람만 안다. 우리 둘 중 어느 누구도 말하지 않고 살다 죽으면 그 일은 없던 일이 될 수도 있다. 그 사람은 절대로 그 일들을 말하지 않을 테고, 글로 쓰는 일은 더 더욱 하지 않을 것이다. 그 사람이 입을 다물고 아무 일도 없었다는 듯 살고 있는 모습을 볼 때, 나는 내가 입을 열어야 하는 이유를 더 확실히 알게 됐다. 그 사람이 내게 저지른 더러운 짓거리는 분명히 사실이다. 그 사람은 그때도 그런 것처럼 지금도 아무 일 없었다는 듯 목사 행세를 하며 살아가고 있다. 그렇지만 그 사람이 한 짓들은 내 영혼을 죽음에 이르게 할 정도로 심각한 것이었다. 그 속에서 나는 기도하고, 울부짖으며, 숨쉬고, 결국은 탈출하고, 살아남았다.

그러나 간신히 살아남은 정도로 살아가고 싶지는 않다. 내 잘못도 아니고, 내가 왜 이렇게 살아야 하는지 알고 싶었다(사실 이 글을 쓰고 있는 지금도, 나는 자연스럽게 죽을 수만 있다면 그냥 죽으면 좋겠다는 마음을 가지고 살고 있다. 왜 그런 느낌이 내 속에 있는지 나도 잘 모르겠다. 나는 그 사람이 내 인생을 마음대로 쥐고 흔들 때부터 죽고 싶었다). 그 이유를 확실히 알고, 치유의 길이 있다면 제대로 걸어보고 싶다. 그렇다고 내가 우울하게 사는 것도 아닌데, 인생을 막 사는 것도 아닌데 말이다. 그 사람을 갈기갈기 찢어서 죽이고, 말려서 죽이고, 나도 죽고 싶은 욕구가 불쑥불쑥 내 가슴을 후벼판다.

내가 어찌할 수 없는, 내 힘으로는 어떻게 되지 않는 것들이 내 안팎에 있다. 원하지 않았지만 개같은 아빠에게서 태어나 자라야 했고, 그나마 얼마 전 화해해 잘 지내보고 싶어진 엄마는 갑작스레 돌아가셨다. 나는 내가 어떻게 손을 댈 수 없는, 깊이를 알 수 없는 낮은 자존감 때문에 힘들어하며 겨우 살아가고 있다. 사회생활을 하며 티 내지 않으려고 별짓 다 해봤다. 지금도 하고 있다. 예전에는 그런 노력도 티 나게 했지만, 요즘은 그렇게 티 내지 않고 한다. 티를 내면 사람들이 떠난다는 것을 알기 때문이다. 혼자 속으로, 속으로 해야 그나마 사회에서 살아남을 수 있다. 이런 현실이 견딜 수 없이 힘들고, 외로울 때가 참 많다.

"저도 아빠라는 사람한테 엿같은 짓거리 당해서 당신네들처럼 하하호호 잘 못하고, 사회생활 당신들이 원하는 만큼 못하고, 좀 꼬여 있고, 아니다 싶으면 막하는 거거든요. 당신들 내가 겪은 일 겪고 살아왔으면 지금 나보다 더 하실 거 같거든요. 암튼 나 힘들면 다 놔버리고 싶은 마음 굴뚝같거든."

이런 사고 속에는 여전히 그 아빠라는 사람이 살고 있는 것 같다. 몸만 그 사람을 향한 두려움에 휘감겨 있는 게 아니라, 여전히 현재의 나와 미래의 내가 그 사람에게 영향을 받고 있는 것 같다. 어쩌면 나는 여기에서 벗어나려고 오늘도 글을 쓰는지 모른다.

완전히 벗어나는 날, 다 쓴 원고를 가지고 불을 싸지르든, 비행기를 접어 날리든, 책을 만들든, 어떻게 하든 자유로워질 수 있을 것 같다. 몸도, 마음도, 영혼도 그 사람에게 품은 겁에서 풀려나는 그날이 오면 좋겠다. 그렇게 되면 '산 1-1번지'뿐 아니라 단 둘이 집구석에서 마주치게 되더라도 겁나지 않겠지.

　　그 사람이 나를 괴롭게, 살기 싫게 만들던 그 시간 동안 계속 그 사람을 미워했고, 집을 나온 뒤에도 내 분이 풀릴 때까지 힘껏 미워했다. 미워하고 용서하지 못하면 힘들다는 성인군자의 말이 세상에 가득하다. 그렇지만 나는 용서하고, 안 미워하려 노력하고, 애쓰면서 힘든 것보다는, 욕하고, 용서 안 되면 안 되는 대로 힘껏 싫어하면서 힘든 게 더 좋았다.

　　집에 있을 때는 소리 내서 욕하지도 울지도 못한 게 억울해서 집을 나온 뒤에는 미친년처럼 보이든 말든 울고 싶을 때는 짐승 소리 내며 울었다. 교회든, 사무실이든, 혼자 방에 앉아서든, 친구랑 통화를 하면서든, 잠자리에 누워서든, 화장실에 앉았을 때든, 아무 때나 아무 곳에서나 눈물이 나면 울었다. 뭔가 세게 때리고 싶을 때는 베개나 쿠션을 막 때리기도 했고, 집어던지고 싶을 때는 집어던졌다. 물론 다른 사람에게 피해가 가지 않게 혼자서 주로 때렸고, 내 물건들만 집어던졌다. 그런 시간이 길다면 길 수도 있지만, 나는 내가 하고 싶은 만큼 했다.

　　그러다 보니 내 속에서 독, 악, 분 같은 것들이 슬슬 빠져나오는 느낌이 들었다. 실컷 미워하고, 욕하고, 머릿속에서 수십 번씩 죽이고, 또 죽이면서 그 사람을 찾아가 죽이고 싶은 욕구를 해소할 수 있었던 것 같다. 욕도 하고 또 하다가 보니 내가 그놈에게 하고 싶던 욕들이 내 속에서 다 빠져나온 것 같았다. 악에 받쳐 살아온 시간 동안 내 몸속 곳곳에 쌓여 있던 눈물하고 함께 악도 흘러나오는 것 같았다. 그것들은 본래 내 속에 있던 게 아닌 듯했다. 그런 것들이 점점 빠져나가면서 나는 '독기가 빠졌다'거나 '눈에 살기가 빠졌다'는 말을 듣게 됐다.

그 시간은 결코 짧지 않았다. 짧지 않을 뿐 아니라 쉽지 않았다. 또한 상당한 용기가 필요했다. 특히 나는 예수님을 믿기 때문에 더 그랬다.

"용서해야 하는데……용서는커녕 죽여버리고 싶으니 어쩌죠?"

나는 미워하며 지내는 동안 예수님에게 기도했다, 솔직하게.

"예수님, 지금은 어려워요. 조금만 기다려주세요. 제 미움을 처리할 시간이 필요해요."

감정은 안 느끼려고 한다고 없어지는 게 아닌 듯했다. 미운 만큼 미워하되, 그 미워하는 감정이 나를 집어삼키고 나를 해치게 두지 않으려 했다. 미워하다가 분노에 사로잡히면 일상을 살기 어려워질 때도 있었지만, 그럴 때면 정신을 차리려 했다.

'나를 살리기 위해서 미워한다. 나를 위해서 욕한다. 나를 위해서 운다.'

나는 철저히 나를 위해 미워하고, 욕하고, 울었다. 그 사람이 욕먹고 장수하거나 배부르라고 그러는 게 아니다.

미움을 마구 쏟아내 속에 쌓인 쓰레기 같은 악을 토하고 버리기를 바란다. 당신을 위해.

11장

수능 전야 1

얼마 뒤면 전국의 고3 수험생들이 수학 능력 시험을 보는 날이다.

나도 고등학교 3학년 때 수능 시험을 봤다. 수능 시험 며칠 전, 그 사람은 저녁을 먹다가 유난스런 걱정을 시작했다.

"얘 시험장이 밀어서 걱정이야. 근처에 호텔을 잡아서 진날 가서 자고, 다음날 시험 보러 가게 할까 봐."

"왜 거기까지 가서 잔대? 차도 있는데."

엄마는 따지듯 물었다. 그 속에는 '너 딸 데리고 호텔에서 그 짓 하려구?'라는 뜻이 담겨 있는 듯했다.

"애 시험 보는 데 신경쓰이게 하지 마."

그 사람은 밥을 입에 넣고, 어쩔 줄 몰라 하는 나를 쳐다보며 내 핑계를 댄다. 그 순간 모든 가족은 내가 그 사람하고 호텔에 가게 된다는 것을 알게 됐다. 그러나 엄마도 더는 뭐라고 하지 못하고, 다들 그냥 묵묵히 밥을 먹었다. 더 얘기하다가는 또 그 사람이 엄마를 죽두록 때리고, 온 가족이 괴물로 변한 그 사람을 봐야 하기 때문이다. 입속에서 밥알들이 맛을 잃고 굴러다닌다. 토하고 싶다.

그 뒤 그 사람은 밀월여행을 준비하는 사람처럼 들뜬 일상을 보냈다. 시험장 근처에 가깝고 깨끗한 호텔이 어디인지 알아보고, 며칠 동안 계속 주문을 외우듯 말했다.

"시험 당일은 시험장까지 차가 막히든지 늦을 수 있으니까, 전날 그 호텔에 가서 자고 다음날 시험 보러 가자."

호텔 스위트룸을 잡아서 내가 수능 시험을 편하게 보게 해주겠다는 그 사람의 계획은 '이번에는 좀 특별하게 그 짓을 해봐야지. 분위기도 좀 내봐야지' 하는 의도로 보일 뿐이다.

수능 시험 전날, 난생처음 호텔에 들어섰다. 교복을 입은 딸이랑 함께 로비에 들어서면서 그 사람은 무슨 생각을 할까? 그 사람은 아빠 같은 말투로 호텔 직원에게 말한다.

"우리 애가 내일 수능 시험 보거든요. 조용한 방으로 주세요."

수능 시험을 보는 딸을 위해 이렇게 좋은 호텔까지 준비하는 배려심 깊은 아빠의 표정을 애써 지어 보인다.

"여기서 ○○고등학교 가깝죠? 내일 아침에 늦지 않게 시험 보러 가게 하려고 데려왔거든요."

그 사람은 스위트룸 열쇠를 받아들더니 방으로 가는 동안 아무것도 묻지 않는 직원에게 자세하게 설명까지 한다. 나는 말없이 직원과 그 사람의 뒤를 따라가야 했다. 그 사람이 나를 데리고 여관 같은 곳에 갈 때면 짧은 순간 스치는 여관 주인들의 눈빛이 늘 괴롭다. '쟤, 원조 교제 아닐까? 어린 것이 벌써부터 이런 데를 들락거려? 쟤 부모는 저 사실 알까?' 하는 표정들, 그러면서도 조용히 그냥 아빠라는 그 사람의 말만 듣고서 돈 받고 열쇠 내주는 저 인간들. 그 인간들도 밉고, 싫다. 그리고 말해주고 싶다. '저기요, 적어도 아빠는 제가 여관 들락거리는 거 알거든요. 이 사람이 친아빠예요.'

나와 그 사람을 스위트룸까지 안내한 이 젊은이도 예외는 아니다. 문 앞까지 안내를 한 뒤, '저 문 안으로 들어서면 하는 짓거리 뻔하지' 하는 표정을 짓는다. 나는 그런 것이 느껴진다. 아닐 수도 있지만, 그런 더러운 느낌이 든다. 기분 나쁘다. 나는 여기서 벗어날 힘이 없는데, 왜 다들 그 사람이 나한테 어떤 짓을 할지 뻔히 알겠다는 표정으로 지켜만 보고 있는 것인지. 젊은 직원은 가고, 나와 그 사람만 문 앞에 님았다.

문을 열고 들어서는 그 사람은 신이 난 모양이다. 엄마, 오빠, 동생들 눈치 안 보고, 신경 안 쓰고, 어떤 알리바이도 만들지 않고, 마음 편하게 기분을 낼 수 있겠다는 기대에 부푼 표정이 압권이다. 사진으로 찍어서 보여주고 싶을 정도다. 만족스러운 얼굴로 빙긋 웃으며 스위트룸의

문을 열고 있다. 나보고도 들어오라고 하더니 '이제는 준비 다 됐다'는 뜻인지 이중, 삼중으로 문고리들을 모두 잠근다.

"피곤하지. 우리 샤워부터 하고, 한 번 땀나게 하고서 푹 자자. 일어나서 정리한 것 잠깐 훑어보고 내일 시험 보러 가면 되지."

나는 말없이 짐을 풀고 욕실로 들어갔다. 속으로는 '뭘 한 번 해, 뭘! 너는 내일 내가 시험인데도 그 짓을 꼭 해야겠냐?' 같은 말들이 밀려나오고 있었지만, 다시 꿀꺽 집어삼켰다.

샤워실에 들어가 거울 속 나를 가만히 쳐다보고 있는데 그 사람이 문을 두드린다.

"문 좀 열어봐."

문을 열었더니, 불뚝한 배를 내밀고 배 밑으로는 흉하게 생긴 무기를 단 채 홀떡 벗고 서 있다. 그 사람은 한껏 기대에 부푼 얼굴로 말했다.

"같이 샤워하자."

그 사람에게는 '그것'만 있는 것 같다. 꼭 나를 고문하는 도구를 붙이고 서 있는 사람처럼, 눈은 뻘겋게 핏발이 서서. 이건 또 뭐하자는 거니, 싫어 고개를 돌렸다. 그 사람은 정말 잔뜩 흥분했는지 얼굴도 상기돼 있었고, 기분이 좋은지 가벼운 걸음으로 욕실에 들어선다.

'너나 해라, 이 새끼야. 너는 정말 그러고 싶니? 정말 그렇게 짐승도 상상 못할 짓을, 계속해서 어쩜 그렇게 잘도 해내니? 네 불뚝한 뱃속에는 그 짓거리를 위한 더러운 정액만 꽉 찼냐?'

이런 말들이 내 속에서 꾸역꾸역 올라왔다. 내 속의 화, 욕지거리들이 얼굴에 묻어 나오는 것을 그 사람이 알아챌까 봐, 그러면 또 뭔 짓을 할지 몰라서 고개를 확 돌렸다.

그런데 갑자기 뒤에 서 있던 그 사람이 내 뒤통수를 사정없이 내리쳤다. 순간적으로 일어난 일이라 어디를 맞았는지 정확히 기억은 나지 않지만, 허리가 무척 아팠다. 주먹으로 등 뒤를 퍽퍽 친 것 같다. 얼굴이 검붉어지고 미친개 같은 눈을 해서는 이를 꽉 물고 지랄을 시작했다. 순간 그 사람의 손도 키도 무지막지하게 커지는 것 같았다. 그 사람은 점점 괴물이 돼가는 것 같다. 그 커다란 손으로 내 머리채를 잡고 나를 쓰러트린 뒤 욕실에서 거실로 질질 끌고 나왔다.

"야, 이년아. 거울에 네 얼굴 봤어. 얼굴을 찡그려? 네가 뭐 성모 마리아라도 되냐?"

머리 가죽이 벗겨진 것처럼 화끈거렸다. 거실까지 머리카락이 당겨지는 힘으로 끌려나왔다. 그 사람은 내 온몸을 발로 차기 시작했다, 아니, 밟았다는 말이 맞는 것 같다.

'나는 성모 마리아가 아니라 네놈 딸이거든. 그래서 네가 성모 마리아랑 뭔 짓을 하든 나한테 상관없는데, 나한테는 이러면 안 되거든. 개쌍, 미친 새끼야, 차라리 성모 마리아랑 그 짓을 해라.'

입을 열어 말하고 싶었다. 그러나 얼굴, 허리, 등, 다리, 팔, 배, 가릴 것 없이 막 때려서, 맞고 있는 동안은 겁에 질려 아무 소리도 못 낸다. 맞을 때 소리 지르는 크기에 따라 매의 강도는 더 높아진다. 맞을 때 나던 비명이 갑자기 신경 쓰인 모양이다.

"소리지르지 마! 이년아, 너 오늘 나한테 죽어봐라. 소리지르면 더 패줄 테니 해봐. 한번 네가 이기나, 내가 이기나."

이를 꽉 깨물고, 조용히 내지른다. 그 사람은 입술까지 파르르 떨며 내는 목소리로 나를 질리게 한다. 그리고 정말 그냥 내 힘으로 죽고 싶게 만든다. 내가 너한테 죽느니 내 손으로 죽는다, 아니 내 손으로 너 죽이고 나 죽는다, 하고 싶다. 그런데 나는 너무 힘이 없다. 왜 이렇게 약할까.

발로 차고, 주먹으로 퍽퍽 소리가 나게 때리더니, 지쳤는지 침대에 앉아 쉰다. 나는 되도록 얼굴은 맞고 싶지 않아 공벌레처럼 둥글게 몸을 말았다. 계속 맞으면 처음 맞을 때는 아프던 감각들이 점점 사라지고, 내 살이 아닌 것처럼 느껴지는 순간이 있다. 그러다 정신을 놓아버리면 아프지 않게 맞을 수 있다. 그런데 오늘은 왜 그런지 정신이 더 또렷하다.

침대에 앉아서 쉬면서도 그 사람은 터진 입으로 말도 안 되는 설교를 늘어놓는다.

"네 에미가 얼마나 지저분했는지 알아? 지 에미 닮아서 버스 타면 남자 새끼들 쳐다보느라고 눈 희번덕거리고. 네 에미가 얼마나 갈보 같고 창녀 같았는지 알아? 그 피가 어디 가겠어? 넌 어차피 내가 이렇게 해놔서 시집도 못 가. 누가 널 데려가겠냐? 좀 잘해주면 기어올라, 아주. 이게 나를 무시해? 네가 뭐 깨끗한 년이나 되는 줄 알아? 거울에 비치는 거 다 봤어, 이년아. 어디 얼굴을 찡그려, 아주 무슨 벌레 보듯이."

쉬면서 힘을 되찾았는지, 벗어놓은 바지를 들어 아주 천천히 허리띠를 빼기 시작했다. 허리띠가 스르르 풀려나자 한쪽 손에 몇 바퀴 감는다.

"너 오늘 맛 좀 봐라."

나는 순간 오줌을 쌌다. 거실 흥건히 오줌을 싸버렸다. 일부러 쌌고, 모르고 쌌다. 오줌이 나올 줄 모르기도 했지만, 온몸에 힘이 풀려버렸다. 예전에 한번 반 죽도록 맞는데, 오줌 싸러 가고 싶다는 말도 못 하고 맞다가 그 자리에서 오줌을 싼 적이 있었다. 그랬더니 그 사람이 매를 때리다 멈췄다. 그걸 노린 것도 있다. 제발 허리띠로 맞고 싶지는 않았다. 20년 넘게 매를 맞은 엄마도 그 사람이 허리띠만 풀면 기절할 듯 무서워하는 모습을 봤기 때문이다.

그러나 그 사람은 손에 허리띠를 단단히 감아쥐고 있었다.

"이제는 오줌 싸는 척까지 해? 그런다고 내가 너 불쌍하게 생각할 것 같아? 아까 거울 속에서 네가 나를 어떤 눈으로 쳐다봤는지 알아? 내가 너 수능 시험 보게 할 거 같아? 너 대학이고 뭐고 없어. 집에 처박아놓을 거야. 저년이 대학 가면 나를 얼마나 더 무시할 거야? 너는 내가 망쳐놔서 시집도 못 가. 내 애나 낳고 내가 시키는 대로 살어, 이년아. 내가 수능 시험 보게 하나 봐. 내가 마음이 약해서 시험 보러 가게 할 거라고 착각하지 마, 이년아."

'이? 알았어? 야, 너도 그런 거 알아볼 수 있구나. 벌레보다 못하게 봤는데, 그러니까 기분이 나빠? 그럼 내가 그동안 네가 한 짓 때문에 얼마나 힘든지, 너를 얼마나 죽이고 싶은지, 그것도 알아? 그런 눈빛이 싫어? 내 눈빛이 싫어? 내가 네놈의 나쁜 짓을 싫어하는 게 싫어? 잘못된 거니? 야, 그리고 이 새끼야, 네가 마음이 약해서 지금 이러고 있냐?'

나는 속으로, 속으로 계속 외치고 있었다. 그 사람은 거울 속에 비친 일그러진 내 얼굴 표정을 욕하면서 바지에서 뺀 허리띠를 오른손에 더욱 단단히 감고 있었다. 때릴 준비를 다 마친 그 사람은 허리띠로 내 몸을 채찍질하듯 내리쳤다. 동그랗게 말린 내 몸의 껍질을 뜯어내려고 때리는 것 같았다.

너무 아프다.

감각을 가지고 있는 껍질들이 차라리 벗겨져버리면 좋겠다. 그렇다면 지금처럼 아프지 않을 텐데.

"소리지르지 마."

그 사람은 힘주어 악문 입술로 조용히 으르렁거렸다.

"소리 내지 말랬지."

더 세게 때린다.

아프다는 말밖에 표현할 수 있는 말이 없다. 무슨 수식어를 붙이거나 비유를 사용한다면 그때의 내 아픔이 가볍게 느껴질까 봐 싫다. 가죽 허리띠는 공기를 가르는 소리를 내며 날아와 내 살에 '착' 감겼다 떨어졌는데, 그때그때 감각이 달랐다. 샤워하려고 벗은 몸에 물까지 묻어 꼭 채찍질을 위해 준비된 것 같았다.

갈수록 아프고, 색다르게 아프고, 늘 처음 맞는 것처럼 아팠다. 내 피부에 감각이 있다는 게 화가 날 정도다. 내 피부는 왜 살아서 이 모든 고통을 다 느끼게 하는 걸까, 원망스러웠다.

너무 아프다.

아프다 아프다 아프다 아프다 아프다 아프다 아프다 아프다 아프다 아
프다 아프다 아프다 아프다 아프다 아프다 아프다 아프다 아프다 아프
다 아프다 아프다 아프다 아프다 아프다 아프다 아프다 아프다 아프다
아프다 아프다 아프다 아프다 아프다 아프다 아프다 아프다 아프다 아
프다 아프다 아프다 아프다 아프다 아프다 아프다 아프다 아프다 아프
다 아프다 아프다 아프다 아프다 아프다 아프다 아프다 아프다 아프다
아프다 아프다 아프다 아프다 아프다 아프다 아프다 아프다 아프다 아
프다 아프다 아프다 아프다 아프다 아프다 아프다 아프다 아프다 아프
다 아프다 아프다 아프다 아프다 아프다 아프다 아프다 아프다 아프다
아프다 아프다 아프다 아프다 아프다 아프다 아프다 아프다 아프다 아
프다 아프다 아프다 아프다 아프다 아프다 아프다 아프다 아프다 아프
다 아프다 아프다 아프다 아프다 아프다 아프다 아프다 아프다 아프다
아프다 아프다 아프다 아프다 아프다 아프다 아프다 아프다 아프다 아
프다 아프다 아프다 아프다 아프다 아프다 아프다 아프다 아프다 아프
다 아프다 아프다 아프다 아프다 아프다 아프다 아프다 아프다 아프다
아프다 아프다 아프다 아프다 아프다 아프다 아프다 아프다 아프다 아
프다 아프다 아프다 아프다 아프다 아프나 아프다 아으다 아프다 아프
다 아프다 아프다 아프다 아프다 아프다 아프다 아프다 아프다 아프다
아프다 아프다 아프다 아프다 아프다 아프다 아프다 아프다 아프다 아
프다 아프다 아프다 아프다 아프다 아프다 아프다 아프다 아프다 아프
다 아프다 아프다 아프다 아프다 아프다 아프다 아프다 아프다 아프다

허리띠로 한참을 맞는데, 소리 내지 말라는 그 사람의 명령에도 내 목에서 조금씩 비명이 새어 나갔다. 매질은 더욱 거세졌다. 오후에 시작된 매질이 어스름 저녁까지 이어진다.

매질을 시작할 때는 불을 켜지 않아도 실내가 밝았는데, 그 사람은 이제 불까지 켜고서 나를 때리고 있다. 시간이 이렇게 흘렀는데도 그 사람은 때리고, 나는 맞고 있다. 맞는 것은 정말 힘들다. 그런데 때리다가 힘이 드는 모양이다. 쉬어가며 때린다. 딸이 아빠에게 강제로 그 짓거리 당하는 것을 싫어한다고 지칠 때까지 때리는, 이건 도대체 뭐로 만들어진 인간이냐?

허리띠로 실컷 때린 뒤, 그 사람은 또 잠시 쉬면서 다른 궁리를 하는 듯했다. 그러더니 나를 들어서 침대 모서리나 의자, 테이블 다리의 모서리 쪽으로 집어던지기 시작했다. 입으로는 어디서 들어보지도 못한 욕들을 해대며 나를 번쩍 들어 던지고 있다. 아무리 필사적으로 몸을 말고 있으려고 해도 어떻게 할 수 없었다. 가구 모서리에 허리 같은 곳이 처박힐 때면 순간적으로 찌릿하고 온몸에 전기가 통했다. 이제는 얼굴이고 뭐고 가릴 새도 없이 마구 던져졌다. 이리저리 던지면 아무 곳에나 내 몸 곳곳이 부딪혔다.

나는 그 사람에게 사람이 아니라 생명이 없는 인형, 아니 물건이었다. 어릴 적 가지고 놀다 싫증나면 쓰레기통에 버리거나 남에게 줄 수도 있던 무생물의 인형, 내가 원하는 대로 되지 않으면 부술 수도 있는, 오로지 놀이만을 위해 가지고 있던 인형들처럼, 그 사람에게 나는 그런 존재인 것이다. 그러니까 자기가 원하는 대로 아무 때나 원하면 그 짓을 해야 하는데, 그런 요구에 기꺼운 마음으로 응하지 않았다고 화풀이를 하는 것이다. 몇 주 동안 계획해서 만든 밀월여행이었는데 '네가 싫어해서 분위기 다 망쳤잖아' 하고, 자기 뜻대로 되지 않은 일을 가지고 놀던 인형에게 화풀이하는 것처럼 말이다.

나를 이리 던지고 저리 던지고 하던 그 사람은 아까보다 더 지친 것 같았다. 물을 마시고, 땀을 닦으며 침대에 앉는다. 그 사람은 갑자기 무슨 생각이 들었는지 문을 잠그고 어딘가 나간다.

그 사람이 없는 방 안은 평안 그 자체다. 머리 가죽이 얼얼해서 더듬어 쓸어내리니 머리카락이 한 움큼 떨어진다. 방 안의 고요함은 방금 전까지 펼쳐지던 끔찍함에 상관없는 고요한 표정으로 나를 쳐다본다. 어찌 됐든 지금 이 순간이 좋다. 나 혼자 쉴 수 있는 이 순간. 그 사람이 없는 이 공기. 이제는 깜깜해진 스위트룸에서 불도 켜지 않고, 바짝 마른 소리 없는 울음을 울었다.

나를 이 방까지 안내한 호텔 직원이 미웠고, 옆방에서 들리는 발자국 소리의 주인들이 싫었다. 왜 아무도 나를 도와주지 않는 걸까? 그럼 내가 어떻게 해야 하는 걸까?

도움을 요청할 곳도 없고, 이런 상황에서는 어떻게 해야 하는지 알 수도 없었다. 하기야 가족들도 나 몰라라 하는데 누가 도와주겠어. 아무 일도 없었다는 듯 늘어져 있는 커튼과 침대, 냉장고, 의자, 책상, 텔레비전, 밖에서 들려오는 사람들 소리, 차 지나가는 소리가 모두 미웠다. 지금 그 사람에게 물어뜯기고 있는 나하고는 전혀 상관없이 잘들 돌아가는 세상이 모두 싫다.

잠시 뒤 고요함을 깨고, 문 앞에 발소리가 멈췄다.

몇 주 동안 그 호텔방에 갇혀 지낸 기분이다. 쓰면서, 고치면서, 읽으면서, 계속 눈물이 났다. 처음 듣는 이야기도 아니고, 모르던 일도 아닌데 왜 이러나 싶다. 그래서 이 장은 무척 늦게 마무리했다. 쓰는 내내 부족한 내 글솜씨로는 그 시간을 잘 표현하지 못해 답답하기도 했고, 이게 과연 글로 표현할 수 있는 것인지 의문스럽기도 했다. 그런데 내가 달리 할 수 있는 게 없으니. 춤이나 음악, 그림으로 어찌해볼 수 있으면 좋으련만, 아무 재주가 없다. 그냥 이렇게 노트북 자판을 두드리다, 답답하면 덮었다, 다시 펴서 두드린다.

그 사람하고 사는 동안은 그 사람이 잠시 잠깐 없어지기만 해도 행복했는데⋯⋯. 요즘은 내 배가 불렀나 보다. 그 사람이 내 눈앞에서 사라졌는데도 불행할 때가 있다. 그 사람을 안 봐도 되는 지금도 이유를 알 수 없이 몸과 마음, 기억의 아픔이 느껴질 때가 있다. 그 사람이 계속 내 주위를 맴돌고 있는 듯한 착각에 빠지게 된다. 그러나 그건 어디까지나 착각이다. 나는 글을 쓰면서 그때로 돌아간 듯 착각하지만, 그 착각을 깨려고 이 글을 쓰는 것인지도 모른다. 내가 겪은 일들을 글로 쓰는 이유는 지금은 그 일들이 일어나지 않고 있다고 확인하고, 앞으로는 내 일상에 어떤 식으로든 끼어들지 못하게 하기 위한 것이다. 꿈에서라도 그 일들이 더는 반복되지 않게 말이다.

사실 몇 년 전부터 글을 쓰기 시작하면서 힘들기도 했지만, 꿈이 달라지는 경험을 했다. 꿈속에서 그 사람은 늘 내 뒤를 따라왔다. 나는 있는 힘껏 도망가는데도 발이 잘 떨어지지 않아 땀을 흘리다 깼다. 그날도 꿈속에서 나는 도망가고 있었다. 그런데 문득 꿈속의 내가 생각하기 시작했다. '뭐가 무서워. 그래 한번 뒤돌아보자. 쫓아버리자.' 그날도 겁에 질려 있던 꿈속의 나는 정신없이 도망가다 갑자기, 멈췄다. 천천히 고개를 돌렸다. 몸을 완전히 틀었을 때, 내 뒤에는 아무것도 없었다. 그 뒤로 꿈속에서 그 사람을 피해 도망가는 일은 없어졌다.

그래, 그 일은 지나갔다. 끝났다. 이제는 절대 그 시절로, 그 호텔방으로, 어릴 적 살던 집구석으로 나를 끌고 들어가지 말아야지.

앞으로 내 인생은 기뻐하며 사는 것만으로도 시간이 모자랄 것이다.

수능 전야 2

내 몸은 긴장해서 솜털들까지 모조리 곤두섰다. 열쇠가 꽂히고, 손
잡이가 돌아갔다. 문이 열리고, 복도의 밝은 불빛을 등에 진 그 사람이
검은 비닐봉투에 뭔가를 들고 들어왔다. 나는 아까 맞던 자리에 몸을 최
대한 동그랗게 만 채 아무 소리도 내지 않고 있었다. 그 순간은 숨도 멈
추고 있어야 했다. 성폭력을 당할 때도 몸과 마음이 힘들었지만, 오늘처
럼 맞은 날은 맞는 것만 생각해도 오줌이 나오고 정신이 나갈 정도였다.
맞다가 피부에 감각이 없어지는 순간들, 신경을 잘못 건드렸는지 전기가
찌릿하게 오는 때, 급소를 맞았는지 숨이 잠깐 멈추는 시간들은 눈물도

나지 않는다. 견뎌내려면 정신을 바짝 차리고, 맞는 것도 기술 있게 맞아야 했다. 아주 어릴 적부터 온몸이 기억하는 장면들이 있다. 요강을 씻어놓지 않았다고 내 배에 타고 앉아 요강 속 오줌을 먹이던 친할머니. 말을 잘 안 듣는다고 조그만 수수 빗자루 꽁무니로 내 입을 틀어막고 부지깽이로 온몸을 때리던, 그래서 입술 곳곳에 잔가시기 박힌 날의 기억. 맞다 지쳐 마루 밑으로 숨어든 나를 기다란 대나무로 쿡쿡 찔러대던 친할머니. 지금 이 사람은 그 여자의 아들이다. 두 사람은 다른 사람이 맞을 때 어떤 기분인지 전혀 생각하지 못하는 점이 닮았다.

스위트룸에 들어선 그 사람 몸에서 음식 냄새가 났다. 저녁을 먹고 온 모양이다. 딸한테 그 짓거리 하려다 뜻대로 안 되니까 죽도록 패고, 힘이 빠져 배가 고파진 모양이다. 저런 사람은 이런 상황에서도 입으로 음식이 넘어가는구나. 죄책감 같은 것은 전혀 못 느끼는구나 생각하니 겁이 났다. 밥까지 먹고 힘을 내서 더 때릴까봐. 앞으로 또 나를 어떻게할까 싶어서. 이 호텔에서 보낼 시간은 아직도 많이 남았는데. 얼른 날이 밝고, 시험장에라도 가 이 사람 옆에서 떨어질 수 있으면 좋겠다.

그 사람은 검은 비닐봉투에 담긴 것들을 테이블 위에 올려놓고 침대에 앉았다.

"내가 너 내일 시험 보게 할 줄 알아? 대학? 꿈도 꾸지 마. 내가 너 시험장에 안 보내. 대학 가면 또 얼마나 나를 무시할 거야. 은혜도 모르고. 내가 어릴 때 너 친할머니가 남 줬을 때 그냥 둘걸. 그랬으면 그 집 아들들한테 당하면서 걸레같이 살았을 텐데. 내가, 이거 봐 이거, 손목까지 그어가며 혈서 써서 너를 데리고 왔는데. 그 은혜도 모르는 년. 부모 은혜를 알란 말이야."

저 말은 지금까지 수백 번은 더 들은 것 같다. 늘 저 소리다. 그러면서 팔목에 면도칼로 그은 흔적을 내보인다. 사실 저 정도로는 죽지도 않겠다. 저 정도 그어서 쇼한 건가 싶다. 늘 저 이야기를 했다.

★

내가 한두 살 때였다. 나는 전혀 기억하지 못하지만, 친할머니, 외할머니, 엄마, 아빠라는 사람에게서 각각의 시점으로 기억하는 그때 이야기를 들었다. 그 모든 기억을 모아서 정리하면 이렇다.

엄마가 교사로 일하면서 친할머니에게 나하고 오빠를 맡겼다. 어느 날 엄마가 친할머니네에 갔더니 오빠만 있고 나는 보이지 않았다. 그래서 물으니 할머니는 잘 키워줄 집에 줬다고 했다. 엄마는 하도 기가 막혀서 어디냐고 물었지만 할머니가 대답하지 않자 아빠한테 말했고, 아빠가 할머니를 닦달해 겨우 알아냈다. 나는 아들들이 다 장성한 잘사는 집에 보내져 이미 한 달 정도 지내던 상태였다. 엄마와 아빠는 친할머니가 부모들에게 묻지도 않고 그랬으니 제발 돌려달라고 부탁했다. 나를 입양한 아주머니는 정말 친할머니 맞느냐면서 괘씸해서 못 내주겠다고 했단다. 친할머니라고 하지도 않았고, 그냥 애를 키워달라고 맡겼다고 했다. 그 아주머니 등에 업혀 있던 나는 엄마를 알아보지도 못한 채 얼굴을 파묻고 있었다 한다. 엄마가 손을 내밀었는데 살며시 고개를 돌려버려 엄마를 서운하게 했나 보다. 얼마나 어린 나이면 한 달 만에 엄마를 못 알아볼까 싶다. 나를 입양한 아주머니는 화를 내면서 한 달 동안 키운 값이라도 달라고, 그때치고는 꽤 큰돈인 3만 원을 요구했다. 아빠라는 사람은 돈도 없고 해서 손목을 그어 혈서를 쓰고 제발 딸아이를 돌려달라 했다는 이야기.

쳇, 나는 그 이야기를 들을 때면 늘 '그냥 거기다 두지. 거기서 자랐으면 지금처럼 살지는 않았을 텐데' 생각했다. 그냥 부잣집에서 그 사람들을 엄마 아빠로 믿고, 오빠들 사랑받으며 행복하게 살고 있을지 어떻게 아느냐고. 지가 딸한테 이런 짓을 하니까 머릿속으로 상상하는 것도 다 지저분한 짓거리들뿐이다. 부잣집에서 그냥 자랐으면 지금보다 키도 크고, 얼굴도 예쁘고, 성격도 더 좋았을지 모른다고 한동안 생각했다. 오늘도 또 저걸 우려먹는군. 지 말로는 손목을 그으니 피가 천장까지 튀고 이제 정말 죽는구나 했다는데, 그렇게 어렵게 데려왔으면 잘 키우던지, 이게 뭐냐고! 이렇게 나쁜 짓 하려고 데려왔느냐는 말이다.

저 사람은 아까부터 계속 그 소리를 하고 있다. 저녁 먹고 들어와서 배부르니까 저렇게 떠들어대겠지. 나는 듣고 있을 힘도 없다.

내일이 수능 시험인데 이게 무슨 생난리라는 말인가. 꿈 같기도 하다. 머리카락을 너무 잡고 흔들어 머리 가죽이 벗겨진 것 같고, 몸은 어디 하나 성한 곳 없이 얼얼하고 너덜너덜하다. 그래도 얼굴은 필사적으로 막아서 크게 다친 곳은 없지만, 입술을 맞았는지 한참 얼어터진 권투 선수처럼 퉁퉁 부었다. 그래도 이 정도면 다행이다. 밤은 깊어 가는데 잠 잘 생각도 안 하고 계속해서 한 말 또 하고 또 하면서, 아무 생각도 못 하게 하고 밥도 안 주면서 괴롭힌다. 배고픔을 느낄 여유도 없었지만, 밥 먹고 싶다는 말을 할 상황도 아니었다. 그랬다가는 또 '이게 정신 못 차리고, 그러고도 밥이 목구멍으로 넘어가? 네가 나한테 밥을 달래?'라고 할까 봐 그냥 참았다. 너처럼 나쁜 놈도 힘 빠지게 때리고 밥이 넘어가는데 죄 없이 맞기만 한 내가 밥을 못 넘길 이유는 또 뭐냐? 때리면 그냥 맞고, 욕하면 그냥 있었다. 나도 대들 때가 있지만, 지금은 혹시라도 기절해서 내일 시험조차 못 보게 될까 봐 참고 참았다.

밥을 주고, 잠잘 곳을 제공하고, 잘 키워야 하는 아빠라는 사람이 자기 밑에 딸을 깔고 제가 하고 싶은 대로 그 짓거리 하려다가 못 했다고 이러다니. 밤은 점점 깊어가고, 맞은 몸은 여기저기 부어오른다. 배도 고프고, 졸리기도 하다. 그래도 몸은 잔뜩 긴장하고 있다. 언제 또 때릴지 몰라 겁에 질린 정신은 배고프다거나 잠자고 싶은 욕구들을 적당히 눌러줬다. 침대에 앉아 있던 그 사람은 어느새 누워 잠을 잔다.

조용했다. 나 혼자만의 세상에 또 있게 됐다. 가끔 지나가는 자동차 소리가 들려오고, 불빛만 움직이고 있었다. 그 사람의 코 고는 소리, 그 사람이 깨지 않게 숨죽여 울거나 숨쉬는 내 작은 소리만 들리는 이곳은 여느 사람들이 살아가는 세상하고 다르다. 내일이 고등학교 생활 3년을 정리하고 수능 시험을 보는 날인데, 밤새 두들겨 맞고 욕만 먹은 나 같은 아이가 또 있을까? 아빠라는 사람이 수능 시험 보기 전날 무슨 밑월여행이라도 떠나는 것처럼 호텔 스위트룸을 잡아두고, 신혼 기분 내듯 벌거벗고 같이 샤워하자고 하고, 땀나게 그 짓을 하려다 뜻대로 안 된다고 이럴 수 있느냐는 말이다. 왜 이렇게 재수가 없나, 지금 자빠져 자고 있는 저 새끼 성기를 확 잘라버리고 싶다. 마음은 그럴 수 있을 것 같은데, 몸이 말을 안 든다. 매를 맞다 보면 '저 사람이 정말 나를 죽일지도 모르겠구나' 싶은 때가 있다. 그러면 마음이랑 다르게 몸은 잔뜩 겁을 집어먹는다. 그때부터 입을 시작으로 온몸이 꽁꽁 얼어붙고, 아무것도 말하지 못하게 된다. 코까지 골며 자는 그 사람은 나를 때리고 욕하다 정말 지친 것 같다. 그렇게 맞은 나는 더 말할 것도 없이 지쳤다. 그러나 또 언제 그 사람이 깨어나면 시작될지 모를 매질과 더러운 짓거리 때문에 잠이 오지 않았다.

졸다가 그 사람이 뒤척이는 소리에 화들짝 놀라 잠을 깼다. 절대로 밝아오지 않을 것 같던 하늘이 푸르스름해진다. 새벽이 되고, 움직이는 차들의 불빛이 더 자주 지나간다. 드디어 수능 시험 날 아침이 됐다. 그 사람이 어제 말한 대로 수능 시험을 못 보게 할까 봐 걱정이다. 반 친구들이 생각났다. 같은 시험장으로 배정받은 친구는 지금 어떻게 준비하고 있을까? 어떤 수험생이 나처럼 밤새 맞고 쫄쫄 굶고 있을까? 어제부터 물 한 모금 마시지 못했다.

날이 더 밝자 그 사람이 일어났다. 눈을 뜨자마자 밤새 한 말을 또다시 반복했다.

"내가 너 시험 보러 가게 해줄 것 같아? 내가 마음이 약해서 또 그렇게 해줄 거라고 기대하고 있지? 웃기지 마. 이번에는 절대 안 돼. 대학은 무슨 대학이야. 집에서 썩어봐라."

조용히 입술에 힘을 줘 내뱉는 욕이 아침부터 시작됐다.

나는 아무 소리도 내지 않고 가만히 있었다. 비굴하지만 더 맞지 않기를, 시험을 보러 가게 해주기를 바라는 마음으로 최대한 몸을 웅크린 채 조용히 있어야 했다.

"시험? 웃기지도 마. 너 대학 보내면 네가 또 얼마나 나를 무시할거야. 네가 어제 나를 얼마나 경멸했는지 알기나 해? 이제까지 키워줬더니 은혜도 모르고, 너 같은 건 대학도 가지 마."

시험 시간이 가까워질수록 마음은 조급했지만, 나는 그냥 그대로 있었다. 어쩌면 저 인간은 내가 잘못했다고 하면서 제발 수능 시험을 볼 수 있게 해달라고 부탁하기를 바라는지도 모른다는 생각이 들자, '나도 모르겠다, 될 대로 돼라' 하고 더 가만히 있고 싶었다. 시간이 계속 가는 것을 보고 싶지 않았다. 불안해하는 내 모습을 즐길 그 사람에게 그런 모습을 들키고 싶지 않다. 무표정하게 쪼그리고 앉아 있었다. 참다못한 그 사람이 다급했는지 테이블 위에 놓인 검은 비닐봉투를 들어서 내 발 앞에 툭 떨어트린다. 봉투 안에는 싸늘하게 식은 찐만두가 있었다.

"시험 보러는 안 갈 건데, 나갈 준비해. 그거 먹고."

배가 고파도 먹고 싶지는 않았다. 그래도 그 사람이 먹으라고 하면 먹는 시늉이라도 해야 한다. 하나 꺼내 입에 넣는데 눈물이 와락 쏟아졌다. 그 사람에게 들키면 또 맞을지도 몰라 고개를 들어 눈물을 도로 억

지로 밀어넣었다. 그 사람은 그랬다. 괴롭히고, 때리고, 욕해놓고 울지도
못하게 했다. 울면 더 때리고, 또 팼다. 두려웠다. 차가운 만두 하나를 입
에 넣었는데, 삼킬 수가 없었다. 우물거리며 그 사람을 따라 나섰다. 호
텔 로비를 나와서 택시를 탔다.

"○○고등학교요."

그 사람은 수능 시험 장소를 댔다. 속으로 다행이다 싶었다. 택시 기
사가 수상하다는 듯 백미러로 나를 흘낏 쳐다본다. 입술은 맞아서 불어
터졌지, 40대 정도 되는 남자하고 호텔 앞에서 택시를 탔지, 이상하게 여
길 만하다.

"오늘이 전국의 고3 수험생들이 수능 시험을 보는 날이죠. 지금 수
능 시험장을 향하는 학생들과 함께 계신 부모님들께서는 어깨도 토닥여
주시고, 너무 긴장하지 않고 시험 잘 보도록 따뜻한 말 한마디도 해주시
면 좋겠어요."

무척이나 생생하게 기억에 남은 라디오 방송 멘트. 택시 안 라디오에
서 흘러나오는 진행자의 말이 나를 더욱 초라하고 불쌍하게 만드는 것
같았다. 나도 저런 부모 밑에서 자랐으면, 그랬으면 어땠을까? 주르륵
흘러내리는 눈물을 주체할 수 없었다. 차창을 바라보며 고개를 들어올
렸다. 우는 모습을 들키면 갑자기 차를 세워 내리라고 할까 봐 걱정됐다.
아무 말도 하지 않고 그렇게 시험장 앞까지 갔다. 그 사람은 택시 기사
하고 무슨 이야기를 나누는 것 같은데, 방금 전 스위트룸에서 쓰던 억양
과 어투, 단어하고는 확 달라져 있었다. 정상적인 아빠처럼 굴고 있었다.

시험장으로 향하는 교복 입은 내 또래 아이들, 오늘만은 어떤 성질을 부려도 다 받아주겠다는 표정의 부모들하고 함께 걸어가는 아이들을 보니 또 눈물이 났다. 시험장 교문 앞에는 담임 선생님이 기다리고 있었다. 그 사람은 담임을 보더니 정말 멀쩡한 아빠처럼 말하기 시작했다.

"우리 애가 좀 긴장했는지, 피곤해 보이죠."

나를 쥐어 패고 집어 들고 던지던 그 손이 어느새 내 어깨를 쓰다듬는다. 아, 정말 가증스럽다. 이건 시험 때문에 다른 아이들이 느끼고 있는 긴장이나 피곤함 같은 게 아니라고, 이 새끼야! 네가 정말 몰라? 네가 어제부터 방금 전까지 나한테 어떻게 했어? 그런 말이 터진 입이라고 그냥 나오니? 속으로는 계속 욕을 하고, 눈에는 눈물이 고였다. 담임은 내 어깨를 토닥였다.

"영서야, 긴장하지 말고 시험 잘 봐라."

예의상 하는 말을 원래 잘 못하기도 하지만, 거기서 입을 열면 갑자기 울음이 터지면서 아무 말이나 툭 튀어나올 것 같았다. 나는 담임과 아빠인 척하는 그 사람한테 아무 말도 없이 그냥 등을 보이고 시험장으로 걸어 들어갔다.

수험 번호에 따라 들어선 시험장에 같은 반 친구가 여럿 보인다. 나는 맞아서 부어터진 입술을 감추려고 이를 최대한 악물고 자리에 앉았다. 시험지를 받고, 시험 시작을 알리는 종소리가 울리자 다들 3년 동안 공부한 것을 풀어내기 시작했다. 그 애들은 그랬다. 나는 시험장에 무사히 들어온 것만으로도 마음이 놓였지만, 무엇보다 지금 이 순간 그 사람하고 떨어져 있을 수 있어 좋았다. 아무튼 나는 시험을 보려고 노력했다. 몸이 여기저기 쑤시고, 머리카락이 한꺼번에 많이 뽑혀 뒤통수가 얼얼했다. 집중을 하려 해도 잘 되지 않고, 자꾸 어제 그 사람이 나한테 한 짓과 말들이 생생하게 떠올랐다. 참고 참으며 시험지를 붙들었다. 그런데 자꾸 눈물이 나서 글씨가 제대로 보이지 않았다. 눈물이 시험지를 적시도록 계속 떨어졌다. 그래도 답안지를 꼼꼼하게 채워나갔다.

사람이 너무 기가 막히게 서글프면 소리도 못 내고 우는 것 같다. 가슴 한가운데 뜨거운 기운이 계속 올라오고, 눈물과 콧물이 쉬지 않고 조용히 흘러내렸다. 한쪽 가슴에 손바닥을 올려 가만히 눌러줬다.

'그래, 영서야. 많이 아프지. 그래, 아프지.'

간신히 나를 위로하며 시험을 봤다. 쉬는 시간이 되자 친구들이 내 책상으로 몰려와 위로를 했다.

"영서야, 나도 진짜 어려워. 울지 마. 다 비슷비슷하게 느끼고 있을걸. 근데 진짜 시험 어렵지?"

아니, 너희들은 몰라, 내가 왜 우는지. 시험 때문이라고? 내가 어제 어떤 일을 경험했는지 이야기할까? 그렇게 말하고 싶었다. 그러면서 가슴을 확 풀어 헤치고 미친년처럼 펑펑 울고 싶었다. 다 말하고 싶었다. 이 교실에 앉아 있는 모든 사람들에게 내 얘기 좀 들어달라고, 죽겠다고, 이러다 더 못 견디고 미치든지, 죽이고 죽어버릴 것 같다고, 아니 차라리 미쳐버리면 좋겠다고 말하고 싶었다. 그러나 친구들에게 둘러싸인 나는 아무 말도 못 하고 계속 조용히 눈물만 흘렸다. 졸지에 시험이 어려워 울고 있는 재수없는 여고생이 되고 말았다.

늘 이런 식이다. 내가 고등학교 3년 내내 보충 수업도 자율 학습도 참여하지 못한 것은 아빠라는 인간이 아픈 엄마 병간호라는 구실을 들어 나를 집에 잡아둔 때문이었다.

그때도 친구들은 내 속사정도 모르고 오해했다.

"너는 좋겠다. 아빠가 매일 차로 데리러 학교 앞에 와 있고. 집에 일찍 가서는 과외 받니? 애들이 다들 그렇게 말하던데. 우리는 이게 뭐야. 매일 보충 수업에 자율 학습에 지겨워 죽겠어."

나는 그래서 늘 왕따였다. 아니, 친구들이 말을 걸어와도 할 말이 없는 나는 입을 다물고 있었다. 그런 내게 친구들은 '너는 속을 알 수 없다', '왜 말을 안 하냐', '왜 너는 학교 끝나고 바로 집에 가냐'고 불평을 했다. 자기들도 집에 빨리 가고 싶다고 하면서 말이다. 나는 정말 가기 싫은데. 학교에서 먹고, 자고, 살면 좋겠는데, 그 사람 없는 학교에서. 내 사정은 이야기할 수 있는 성질의 것도 아니었고, 이야기한다고 내가 이해를 받거나 도움을 받을 수 있는 문제도 아니었다. 혼자 답답하게 쉬는 시간에도 책만 보는 새침한 아이였다. 말을 거의 하지 않아 농인으로 오해를 받은 적도 있는.

그런데 나는 입 밖으로 말을 하지 않았을 뿐 속으로는 많은 이야기를 했다. 입 밖으로 말을 많이 하지 않는 사람은 속으로 더 많이 말하며 살 수도 있다는 것을 그때 알았다. 나는 그때 말없이, 조용히 있었지만, 지금보다 훨씬 많이 말을 하고, 욕을 하고, 싸움을 했다. 미칠 것 같은 날은 종이에 그놈에게 하고 싶은 욕을 마구 휘갈겨 쓴 뒤 찢어버리기도 했다. 또 예수님한테도 많이 말했다. 여기서 나를 좀 구해달라고 부탁하고 또 부탁했다. 제발 이 지옥에서 나를 구해달라고, 그렇게 해주리라 그냥 믿겠다고. 지난 8년 동안 괴롭힌 것도 모자라 오늘처럼 중요한 날 사람을 밤새도록 패다니, 나는 계속해서 '너희들은 절대로 이해 못 해. 난 말할 수도 없어. 나만 왜 이런 고통을 당하며 사는 걸까?' 하면서 마음속으로 소리치고, 소리 없이 눈물만 계속 흘렸다. 시험 시간 내내 울었다.

사실 벌써부터 시험장 밖으로 나가는 게 두렵다. 또 그 사람을 만나게 되겠지, 그리고 그 지옥 같은 집으로 가야겠지. 어젯밤에 뜻대로 안 된 것 때문에 화가 났으니 오늘 밤은 보복하기 위해서라도 나를 괴롭힐 수 있는 한 최대한 괴롭게, 내 속이 찢어지게 파먹겠지 생각하니 몸이 오그라든다. 시험 치는 내내 눈물 콧물 범벅이 돼 어떻게 시간이 지나간지 모르겠다. 마지막 시험이 끝났다. 다른 친구들은 시험이 끝났다고 소리를 지르고, 오늘은 놀러간다며 한껏 들뜬 분위기다. 모든 사람들이 살아서 움직일 때, 나는 온몸의 관절들이 위에서 잡아당기는 줄로 조정되는 생명 없는 인형 같았다. 그 사람에게 가고 싶지 않았지만, 갈 곳이 없고 도움을 청할 곳도 없어서 어쩔 수 없이 시험장 앞에 와 여느 부모들처럼 서 있을 그 사람에게 가야 하니 말이다.

시험장 밖으로 나오니 정말 그 사람은 다른 부모들하고 비슷한 표정을 하고 교문 앞에 서 있었다. 그리고 집으로 왔다. 무슨 말을 했는지 기억도 하고 싶지 않다. 계속해서 어제 하던 말을 반복했고, 시험 봤어도 대학은 안 보낼 거라는 협박을 했다.

"내가 너 대학 보내나 봐. 너 집에서 썩힐 거야. 네가 대학까지 가면 날 얼마나 무시하겠냐? 집에서 살림하면서 내 애나 낳고, 그렇게 살아."

아, 귀가 멀어버렸으면. 이렇게 그냥 죽어버리면 좋겠다. 사는 게 죽는 것보다 힘들 때가 있다. 그날의 기억은 여기까지만 떠오른다. 집에 돌아와서는 어떤 일이 있었는지 기억이 하나도 나지 않는다. 다행스럽다고 해야 할지 아쉽다고 해야 할지, 그날은 전혀 기억이 없다.

더는 그날의 기억이 나지 않아서 글을 시작할 때부터 지금까지 몇 달 동안 떠올려보려 했다. 그런데도 전혀 생각나지 않았다. 까만 도화지처럼, 아니면 하얀 도화지처럼 아무것도 없다. 그런데 그게 다행스러운 것인지 아쉬운 것인지도 잘 모르겠다. 힘든 기억이 전혀 없는 게 다행이기도 하지만, 얼마나 아프고 힘든 기억이면 전혀 떠오르지 않을까 싶으니 화도 났다. 또렷하게 기억해서 글로 쓰고, 더 미워하고, 더 욕해주고 싶기도 하고, 사람들을 경악하게 하고 더 미워하게 할 수도 있는 건데 싶기도 해 아쉬웠다. 이런 생각을 하고 있는 나를 볼 때면 '나도 참 독한 년이다' 싶다.

갑자기 성폭력 생존자 말하기 대회 때 들은 문구가 생각난다.

"질긴 년, 독한 년, 그래 우리 살아 있다!"

★

원고를 정리한 지 한참 됐다. '질긴 년, 독한 년'으로 글을 마무리하고 싶었다. 그런데 그렇게 쓰고 나서 끝낼 수가 없었다. 양심에 걸렸다.

나는 사실 요즘 많이 힘들다. 질기고 독하게 살아서 지금 살아남았지만, 계속 그렇게 살고 싶지는 않다. 질기지도 않고 독하지도 않게 살아도 되는 삶을 살아보면 좋겠다 싶은 요즘이다. 걸핏하면 눈물이 나고, 지금 쓰고 있는 글들이 의미는 있는지 의문도 든다. 그냥 '아무 일도 없던 듯 살아가는 게 더 나았을까' 하는 생각마저 든다. 결혼할 사람을 만나고, 개같은 아빠밖에 살아 있는 부모가 없다는 사실에 가슴이 미어지고, 돌아가신 엄마를 하늘나라에서 끌어내리고 싶은 지금. 남자 친구 부모님이 내 상황을 다 아는 것도 아닌 상황에서도 반대가 심한 것을 견디는 게 힘든 요즘. 정말 힘들다. 그나마 다행인 건 글 쓰는 나를 응원하는 사랑하는 남자 친구와 친구들이 있다는 것, 그리고 예수님이 계속해서 글을 쓸 마음을 준다는 사실뿐이다. 그런데도 여전히 죽고 싶다. 죽어서 하늘나라에 가면 꼭 물어보고 싶은 게 있다.

"예수님, 왜 제게는 이런 개같은 아빠를 주셔서 초등학교 5학년 때부터 강간을 당하게 하셨나요?"

그리고 그 답을 듣고 싶은 밤이다. 이런 의문은 아직도 계속되고 있다. 내가 득도하거나 열반에 이른 게 아니니까. 이 글이, 내 삶이, 내가 살아내고 견뎌낸 고통의 시간이 의미가 있었는지 묻고 싶다, 당신에게.

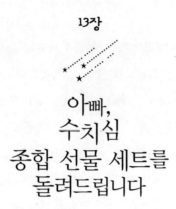

13장

아빠,
수치심
종합 선물 세트를
돌려드립니다

그 사람은 오늘 뭔가 특별한 것을 준비한 듯하다.

하얀 사기그릇에 맑은 물을 담아 왔다. 달빛도 유난히 밝아 창호지 바른 뒷문으로 들어오는 빛이 색다르게 느껴지는 밤이었다. 그 사람은 맑은 물이 담긴 사기그릇을 방 한가운데 두고 나를 마주보고 앉게 했다. 나는 왜 그렇게 하라고 하는지 영문도 모른 채 자다 말고 일어나 앉았다. 지금에서야 생각하는 일이지만 그때 우리 가족들은 모두 어디 있었는지 정말 궁금하다. 집에 있는 사람은 늘 나와 그 사람뿐인 것 같다.

그 사람은 뭐라고 이야기하고 엄숙한 의식을 치르듯 조용히 말했다.

"영서야, 우리 이제 결혼식 할 거야. 지금은 이렇게 정화수만 떠놓고 하지만, 나중에 너 외국에 나가 있으면 내가 가서 결혼식 제대로 올려줄 게. 넌 거기서 내 아이 낳고 살면 돼."

하도 기가 막히면 '쳇' 소리도 나오지 않는다. 나는 아무 소리도 낼 수 없었다.

"자, 내 거 잡아봐. 나도 네 거에 손 얹을게. 이게 약속이야. 이제부터 다른 사람한테는 허락하지 않을게."

내 손을 끌어다 자기 더러운 것에 얹어놓는데 기가 막힌다. 이게 뭔 짓인가 싶기도 하고. 그 사람은 가만히 내 몸에 손을 얹고는 자신의 신 에게 기도라도 하는지 잠시 동안 눈을 감고 조용히 있었다.

"이제부터 우리는 진짜 부부야. 네 엄마는 큰형님이라고 생각하고, 이 제부터 형님이라고 불러. 알았지? 자, 이제 내 거에 뽀뽀해. 나도 해줄게."

내 머리를 끌어다 더러운 것에 들이밀었다. 그리고 내 몸에 입을 갖 다 대는 것이다.

온 우주에, 아니 우리 집 안에는 늘 그 새끼와 나만 있다. 이럴 때 엄 마와 오빠, 동생들은 모두 어디 있는 것인지 도무지 기억이 나지 않는다. 늘 그랬다. 가족은 분명 여섯 명이었는데, 그 사람이 내게 이런 짓을 할 때는 늘 아무도 없었다. 그래서 그 사람이 편하게 하고 싶은 대로 하는 것이다. 첫날밤을 치르듯 그 사람은 잔뜩 흥분한 모양이다. 끌어다 얹어 놓은 내 손 안에서 그 사람의 더러운 것이 점점 단단해지더니 무기로 사 용할 수 있을 만큼 커졌다.

그 사람은 이제 준비를 마쳤다는 듯 야릇한 웃음을 지었다.

"이제 오늘이 진짜 부부로 보내는 첫날밤이야."

그날도 아프기는 마찬가지였다. 그러나 그 사람은 내 몸이 아프든지 말든지 신경쓸 겨를이 없는지 혼자 마음대로 씩씩거리고, 하얗고 끈적거리는 액체를 쏟아놓고는 잠이 들었다. 달빛은 어떤 일이 있었는지 전혀 모르겠다는 듯 세상을 비추고 있다. 이럴 때 나는 어떻게 해야 할까? 나는 저 사람하고 이렇게 지내고 싶지 않은데, 그냥 진짜 아빠 구실만 해주면 하는데, 저 사람은 왜 자꾸 나한테 이 지랄을 하는 걸까? 이럴 때 가족들은 모두 어디 있는 걸까?

가족들은 나와 아빠의 관계가 의심스러운 듯 말하면서도 그냥 넘겨버렸다. 지난번에 엄마가 피임약을 발견한 때만 해도 그렇다. 엄마는 자궁을 들어내는 수술을 받았다. 그래서 엄마에게 피임약이 필요 없다는 것은 온 가족이 아는 사실이었다. 그런데 그날 엄마가 책상 서랍에서 피임약을 봤다. 집 안은 발칵 뒤집혔다.

"이게 왜 필요해? 저년이 아빠 붙어먹었지? 집에서 이게 필요한 사람이 어디 있다고?"

"아냐, 이년아. 이거 옛날에 너랑 쓰던 거 남은 거야. 계속 그럴래?"

오히려 엄마를 협박하며 거짓말을 하는 그 사람의 표정은 어느새 엄마를 정신 장애인으로 만들고 있었다. 의부증 환자가 돼버린 엄마는 아빠의 주먹 앞에 자기가 한 추측이 틀렸다고 인정했다.

나는 아무 대꾸도 하지 않았고, 들리지 않는 척 가만히 있었다. '내가 아빠 붙어먹은 년인가?' 하는 생각에 빠져 더는 아무것도 하지 못했다. 엄마는 온 가족이 다 듣도록 내가 아빠 붙어먹은 년이라고 욕을 했고, 나는 아무 말도 못하고 아빠가 엄마를 때리는 상황을 그냥 지켜봐야 했다. 다른 가족들은 우리 세 사람의 행동을 두고 한마디도, 어떤 반응도 하지 않았다. 심지어 엄마를 패는 아빠를 말리는 사람도 없었다.

동생들과 오빠 앞에서 정말 쪽팔렸다. 초등학생인 내가 아빠랑 붙어먹었다니……

★

그래, 늘 그랬다.

하루는 그 사람이 나와 동생들을 데리고 읍내 비디오 가게에 갔다. 그때는 한창 강시 영화가 유행했다. 나는 어린이들이 보는 강시 영화 비디오테이프를 빌렸다. 그 사람은 동생들에게 먼저 차에 가서 기다리라고 했다. 나만 비디오 가게에 다시 데리고 들어갔다.

"아줌마, 여기 재미있는 비디오 있어요?"

아주머니는 비디오테이프가 잔뜩 꽂혀 있는 책꽂이 뒤편에서 아무 제목도 없고 스티커도 붙어 있지 않은 검정 비디오테이프를 꺼내 그 사람에게 건넸다. 그 사람은 서로 뭔가 통했다는 듯 자연스럽게 테이프를 검정 비닐봉투에 담아 가게를 나섰다.

빌려온 강시 비디오를 동생들하고 봤다. 숨을 쉬지 않으면 살아 있는 사람도 지나치는 강시 영화는 정말 재미있었다. 동생들이랑 얼마나 오래 숨을 참을 수 있는지 게임도 할 정도였다.

아무튼 그날도 밤이 깊었다. 다른 가족들은 잠이 들어 몰랐다지만, 나는 그 말이 믿어지지 않는다. 그냥 가족들은 그 사람과 나만 집에 두고 또 존재하지 않는 사람이 돼버렸다. 피곤한 하루를 보내서 곯아떨어진 나를 단잠에서 깨운 것은 그 사람이었다.

"일어나. 정신 차려봐. 아까 빌린 재밌는 비디오야. 자, 정신 차려봐."

초등학생이던 나는 그 사람이 흔들어 깨우는 바람에 겨우 잠을 깼다. 처음에는 잠 깨는 게 쉽지 않았다. 그런데 그 사람이 비디오를 켜는 순간, 다른 가족들이 깰까 봐 텔레비전 볼륨을 음 소거로 해놓았는데도 그 충격적인 장면 때문에 잠이 확 깼다.

너무 하얀 피부여서 붉어 보이는 백인 남녀가 벌거벗은 몸으로 나오는 비디오였다. 거기 나오는 사람들은 가슴도 성기도 엄청나게 컸다. '저게 사람의 몸일까?' 싶을 정도로 컸다. 더 놀라운 것은 실제 남자와 여자가 관계를 맺는 장면이었는데, 아예 성기가 들어갔다 나갔다 하는 부분을 클로즈업해 잡은 화면이 긴 시간 이어졌다. 그것뿐 아니었다. 방금 전까지 남자랑 짐승처럼 소리를 내며 그 짓을 하던 여자가 욕탕 안에서 다른 여자랑 키스를 하고 몸을 어루만지며 이상한 소리를 내는 장면이 계속됐다. 가죽끈 같은 것으로 서로 몸을 때리고, 묶고, 신음 소리를 내며 그 짓을 하기도 했다. 방금 전까지 무척 피곤했는데 잠이 확 달아났다. 무섭기까지 했다. 이런 영화를 왜 보여주는 걸까 싶어 걱정이 됐다.

그 사람은 집중해서 영화를 보더니 내 몸을 꽉 잡았다.

"야, 저 여자처럼 저렇게 엎드려봐. 이렇게 해."

그러더니 내 허리를 뒤에서 꽉 쥐어 잡고는 엎드리게 했다. 그러고는 딱딱해지고 커진 성기를 뒤에서 내 몸에 강제로 밀어넣으려 했다. 내 몸을 찢어버리고, 내 영혼을 더 갈기갈기 찢어버리려 한다. 배가 아픈 것인지, 어디가 아픈 것인지도 알 수 없었다. 그냥 몸이 머리부터 발끝까지 아팠다. 어딘가 찢어진 것도 같았다. 아픈 것은 둘째치고 너무 수치스러웠다. 나는 이러고 싶지 않다. 나는 저 새끼처럼 미치지 않았는데, 개새끼가 제가 하고 싶은 대로 내 몸을 마음대로 하는 게 싫다. 지랄, 미친 새끼, 똥물 같은 새끼. 이놈한테서는 어느새 세상에서는 맡아볼 수 없는 똥물 냄새가 나기 시작했다. 토할 것 같다.

그 사람은 혼자 신음 소리를 내며 진짜 좋아서 그걸 하고 있었다. 그러더니 이제는 다른 짓을 해보고 싶은 모양이다.

"야, 이번에는, 그래, 이렇게 해봐. 아니 이렇게, 그래. 시키는 대로 해봐, 저거 보고."

그 사람은 그 영화에 나오는 짓거리들을 모두 흉내내고 싶은 모양이다. 지금은 잘 기억도 나지 않지만, 그때 나로서는 상상도 할 수 없는 이상한 자세들을 강요당해야 했다.

그날 이후 학교에서 수업을 받을 때도 내 눈앞에는 친구네 집 외양간에 있는 젖소 젖처럼 큰 가슴을 가진 서양 여자들의 모습과 금발의 꼬불꼬불한 털이 가득한 서양 여자의 성기에 서양 남자의 길쭉한 성기가 들락날락하는 장면이 계속 보였다. 어쩌면 저렇게 노골적인 장면을 그렇게 가까운 곳에서 찍었을까 싶은 그런 영화를 본 게 부끄럽기도 했고, 다른 사람들이 전혀 보지 못하고 알지 못하는 장면을 알고 있다는 죄책감도 들었다. 수업 시간에 이런 장면이 떠오를 때면 나도 모르게 혼자 고개를 흔들어 화면을 흩트렸다. 그러나 그 영화 속 장면들은 지금도 생생하다. 지금도. 개새끼가 내게 준 똥물 같은 기억들은 몸에만 남은 게 아니라 내 머릿속에도 박혀 있는 것 같다. 그때의 그 상황, 기억, 냄새, 영상, 소리 모두 다, 더럽다.

★

그 사람은 늘 어떻게 나를 괴롭힐까, 그것만 생각하는 사람 같다. 어느 날은 그 사람이 하루 종일 서울에 다녀온다고 나갔다. 그럴 때면 나는 밖에서 문을 잠가둔 집 안에 갇혀 있어야 했다. 그날도 가족들은 어디 갔는지 기억에 없다. 밤에 그 사람은 또 잠자는 나를 깨웠다. 한밤중 모든 가족이 잠든 시간인 것 같다. 그 사람은 나를 위해 뭔가를 준비한 듯했다.

"내가 뭐 사왔는지 알아? 네가 요즘 권태기인 것 같아서 준비했어."

그 사람이 내 눈앞에 내민 것은 팔뚝만큼 크고 징그러운 물건이었다.

"네가 전혀 흥분을 못 하니 자위를 하고, 내가 이걸 너한테 밀어넣으면 다른 남자 상상하면서 해. 네가 지금 권태기라 그래. 내가 너 위해서 이거 얼마나 힘들게 구했는지 알아? 청계천까지 가서 샀다니까."

그 사람은 자신이 나를 괴롭히는 짓을 나를 위해 하는 봉사 행위라고 생각하고 싶은 모양이다. 내 몸을 자기 멋대로 한다. 아프고 쓰라리다.

"이제 좀 좋아? 자, 이제 이거 넣을게. 이거 넣어서 좀 흥분하면 그때 내 거 넣어줄게."

그 사람 것보다 훨씬 굵고 기다란 그것을 내 속으로 밀어넣으려 했다. 몸이 다 찢어지는 것처럼 쓰리고 아팠다. 나는 사람이 아니다. 이 사람에게 나는 사람이 아니다. 그래, 이렇게 생각해버리는 게 나아. 저 높이 천장에 붙어 있는 파리가 돼야지.

"좀 참아봐. 그럼 좋아질 거야. 다른 남자 상상하라니까. 이게 아주 큰 사람이라고 생각해. 너 이 정도는 들어갈 수 있어."

계속해서 강제로 내 몸을 가지고 그 짓을 하는데 어떻게 막을 수도 없었다. 정말 나를 가지고 놀고 있다. 나는 이 사람에게 더는 살아 있는, 생각과 느낌을 가진 사람이 아니었다. 딸은 더더욱 아니다. 나는 그 사람에게 손에 들고 있는 모형 성기만큼이나 무생물이다.

"자, 이제 진짜 들어간다."

그렇게 조금씩 힘으로 밀어넣다가 더 들어가지 않자 나를 위해주는 것처럼 자기가 직접 내 위로 올라왔다. 미친놈. 그 사람은 정말 나를 위해 해준다고 생각하는 것처럼 말하고 행동했다. 입이 있어도 아무 말도 할 수 없고, 몸에 손과 발이 달려 있어도 아무 행동도 할 수 없었다. 생각 같아서는 저 새끼 몸에 달린 그것부터 살갗 하나하나를 직접 내 손으로 짝짝 찢어내고 싶은데…….

그 사람은 그 물건을 검은 비닐봉투에 담아 침대 밑에 뒀다. 그리고 밤마다 그걸 꺼내 내 몸에 넣었다. 색다른 시도를 하면서 흥분하고 싶어 하는 갖은 노력에도 내 몸이 반응하지 않자, 그 사람은 더 기상천외한 짓을 했다.

또 집에 사람이 없다. 그날은 내가 좋아하는 강아지와 니, 그 사람만 집에 있었다. 그 사람은 교묘하게 가족들을 집에서 모두 사라지게 하고, 나를 가지고 놀 준비를 했다. 더러운 새끼. 머릿속에 온통 그 짓거리밖에 없다. 그날은 그 사람이 강아지를 안고 내가 있는 방으로 들어왔다.

"이거 한번 해보자. 누워서 바지 벗어봐."

미친 짓거리 또 시작이다.

"얘한테 핥아보라고 하려고. 왜, 여자들 개랑 그 짓도 하고 그러거든."

무슨 소리인지 하나도 못 알아듣겠다. 개소리도 저것보다는 낫겠다.

"가만히 있어봐. 아, 가만있어. 핥아봐, 아, 여기, 여기."

오히려 강아지가 미안한지 딴짓을 한다. 강아지는 내 손이 있는 쪽으로 오려 했다. 강아지 생각에도 자기가 핥아야 하는 것은 그 사람이 원하는 곳이 아니라 '주인의 손'인지. 그 사람은 강아지와 나한테 이렇게 해봐라 저렇게 해봐라 하면서 완전 신이 났다. 미친놈. 그 사람의 광기 어린 눈빛이 아직도 생생하고, 살짝 치켜 올라간 웃음 띤 그 입술이 잊히지 않는다. 강아지가 도와주지 않아 그 사람 뜻대로 되지는 않았지만, 나는 그날을 내 기억에서 절대로 지우지 못하겠다. 사실 이 사건은 기록하는 데 고민에 고민을 더하게 했다. 어떻게 써야 할지, 써야 하는 것인지, 그냥 묻어둬야 할지 참 많이 고민이 됐다. 그런데 누구를 위해 묻어 두다는 말인가? 묻어둘 것이라면 왜 이것만? 다 묻어두지 않고. 그 사람이 한 끔찍한 짓은 다 기록해두고 싶은 것 아닌가. 사실 내가 가장 수치스럽다고 생각하는 짓이라면 더 세밀하고 정확하게 기록해야 하는 게 아닌가 싶었다. 힘들지만 말이다.

이 사건을 기록하려 할 때 심지어 '핥다'는 단어조자 혐오스러웠다. 그 단어 받침이 어떻게 되더라, 다 까먹은 것 같았다. 사실 책을 낼까 고민하다 이 내용이 나를 걸고 넘어져 모든 계획을 멈춘 적도 있다. 그만큼 이 기억은 나를 수치스럽게 만들었고, 괴롭혔다. 그런데 지금 벗어버리고 싶다. 그 수치심, 던져버리고 싶다. 내 것이 아니다. 이 글을 보고 수치심을 느껴야 하는 사람은 내가 아니라 그 사람이다. 그래, 그 사람이 오롯이 느껴야 한다. 그때 신나게 하던 그 짓거리에 관해 말이다. 그 사람은 그 뒤 강아지를 세탁기에 넣고 돌리기도 했고, 그 조그만 강아지에게 커다란 공을 세게 던지기도 했다. 결국 그 강아지는 죽었다. 죽어야 하는 것은 그 사람인데.

★

그렇게 나를 가지고 장난치기도 싫증이 난 모양이다. 하루는 나를 앉혀놓고 진지하게 말했다.

"네가 아무래도 북감증이 심한 것 같아, 그럼 나중에 애도 못 갖는

대. 그러니까 지금 치료를 하자. 불감증 잘 고치면 권태기도 지나갈 거야. 시내에 가면 성인 극장 있거든. 거기 가면 남자들이 많이 있어. 가서, 내가 뒤에 앉아 있을 테니 모르는 남자 옆에 가서 앉아. 그럼 그 남자가 네 몸을 만지기 시작할 거야. 이렇게 허벅지에 손을 얹을 거야. 그럼 그냥 가만히 있어. 그러면 보지도 만지고, 옷 속으로 손을 넣으려고 할 거야. 그리고 가슴도 만지려고 하고, 뽀뽀도 하려고 할 거야. 그럼 그냥 가만히 있어. 그러면 그 사람이 밖으로 나가자고 하면서 여관에 가자고 할 거야. 그럼 따라가는 척하다가 내가 데리고 올 테니 거기까지만 해봐. 그럼 잔뜩 흥분될 거야. 그럼 집에 가서 내가 해줄게."

그 말만 들어도 미칠 것 같았다. 그렇게 하고 싶지 않았다. 그래서 계속 가기 싫다고 했다. 그러자 그 사람은 화를 냈다.

"야, 이년아, 네가 무슨 성모 마리아라도 돼? 시키는 대로 해. 네가 그래도 안 속거든, 어차피 네 엄마 피가 섞여서. 네 엄마가 갈보였어, 이년아. 그 피가 어디 가?"

그 사람은 강제로 나를 성인 극장까지 끌고 갔다. 정말 후진 극장, 간판 그림도 이상하고 듣도 보도 못한 저질 영화만 틀어주는 곳이었다. 거기에는 정말 아저씨들만 있었다. 그 사람은 양복을 차려입은 남자 옆으로 나를 데리고 가더니 자기는 그 뒤에 앉았다. 나를 그 남자 옆에 앉게 한 뒤 바로 뒤에 앉아 나와 그 남자를 지켜보고 있었다.

그 남자는 정말 그 사람의 기대를 저버리지 않았다. 팔걸이에 손을 내리는 척하더니 내 허벅지에 손을 얹고는 주무르기 시작했다. 나는 그 느낌이 그 사람의 그 짓만큼 더럽게 느껴져 벌떡 일어나 영화관을 나왔다. 그러자 뒤에서 지켜보려던 그 사람이 급하게 나를 따라 나오며 내 귀에 대고 딱딱하고 조용한 목소리로 말했다.

"야, 이년아. 네가 그런다고 내가 널 깨끗하다고 생각할 거 같아? 네가 다른 남자를 원한다는 거 알아. 너 이따 집에 가서 보자. 죽었어."

뭘 어떻게 하자는 것인지 도무지 알 수가 없다. 이 사람은 내가 어떻게 하기를 원하는 걸까? 왜 나한테 이런 짓을 하게 하는 걸까?

그 사람은 조수석에 나를 앉힌 뒤 운전을 하고 가다가 주먹으로 세게 때렸다. 왼쪽 눈을 정통으로 맞은 나는 눈이 흐릿해졌다. 눈물은 흘리지 않았다.

"이년아, 내가 너 위해서 이러는데 왜 그래. 이년아, 네가 깨끗하지 않다는 거 알아. 너도 그렇게 하는 거 원하면서 왜 그래? 네가 성모 마리아라도 돼?"

입술을 꽉 물고 힘주어 말하는 그 사람에게 질려버린 나는 눈두덩이 퉁퉁 붓도록 맞았지만 울지 않았다. 그렇게 맞으며 집에 도착하자, 성인 극장에서 한 협박을 실행하려고 안방으로 끌고 가 그 짓을 했다. 일부러 폭력적으로, 더 내 몸을 아프게 하려 노력하며 그 짓을 했다. 이날은 평소보다 더 힘들고 아프게 나를 괴롭혔고, 나는 이제 더는 이렇게 살면 안 되겠구나 강하게 생각했다.

미친놈, 차라리 성모 마리아를 찾아가라.

휴가를 냈다. 하루 종일 지금처럼 카페에 앉아서 내 글을 읽고, 다듬고 하려고.

사실 이 장의 글은 왜 그런지 모르겠지만 쓰고, 읽고, 고치는 과정을 반복하면서 계속 수치스러웠다. 내가 느껴야 할 감정이 아니라고 스스로 말해줬지만, 그 느낌은 해소되지 않았다. 힘들었다. 이런 감정은 그 새끼가 느껴야 하는 게 아닐까? 내가 왜 이러지?

몇 달 전, 내가 살아온 삶이 빚어놓은 나 자신이 너무 싫고 부끄러운 날이 있었다. 그날 나는 그 사람에게 전화를 했다.

"여보세요?"

"나야, 나. 네 딸 영서."

"아이고, 영서야, 잘 지내냐?"

"내가 너 때문에 얼마나 힘들게 살았는지 알아?"

"야, 그래도 부모한테 잘해야지. 너 나한테 이러면 안 된다. 앞으로라도 잘살고 싶으면 부모한테 잘해라."

"부모? 야, 너 미안하다고 해, 미안하다고 하란 말이야!"

"뚜……뚜……."

미친놈이 예의도 없이 먼저 전화를 끊었다. 다시 걸었다. 내 번호가 뜨지 않게 전화를 걸다가 나중에는 그냥 번호가 뜨게 전화를 했다. 나는 이제 더는 그 새끼 안 무서워할 거다.

"이게 전화를 끊어? 미안하다고 하라고."

"미안하다 뿐이냐……."

"그냥 미안하다고 하라고. 너 때문에 얼마나 힘들게 살았는지 알아? 미안하다고 해, 미안하다고 하라고. 내가 만약에라도 자살해서 죽으면 너 때문인 줄 알아, 새끼야."

미친놈에게 소리소리 지르고, 전화를 끊고 나서 집에 웅크리고 앉아 한참을 울었다.

이제 더는 무섭지 않다. 그래, 무서워하지 않을 거다. 내 전화번호도 일부러 안 바꿨다. 개새끼가 전화하면 개소리나 해주면 되지, 뭐.

이제 내 글쓰기는 또 다른 국면을 맞이했다.

지금까지는 과거의 힘든 기억들을 풀어내기 위한 글쓰기였다면, 이제부터는 지금을 살고 있는 나를 써보고 싶다. 더는 그 사람도, 그 사람의 짓거리들도 없는 지금의 삶을 사는 내 이야기를. 지금은 과거보다 더 중요하다는 생각이 들어 써보고 싶어졌다. 지금을 살기 위해 내가 나름대로 살아낸 성공 비법도 공개하고, 치유의 길을 쉽게 하는 방법도 나누고 싶다. 책으로 묶어낼 생각을 하니 약간 겁도 나지만, 지금까지 한국성폭력상담소《나눔터》를 통해 내 글을 공유할 때 들은 칭찬들이 있으니 힘을 내본다. "잘 읽힌다. 간지작살, 《나눔터》 받으면 제일 먼저 읽게 된다니까." 이런 칭찬을 해준 《나눔터》 독자님들, 고맙다. 이제는 수치심을 많이 벗게 된 듯하다. 이 기회에 아빠한테 한마디 꼭 하고 싶다.

"아빠, 수치심 종합 선물 세트를 돌려드립니다."

14장

첫 번째 처방전

—

노출

"말하고 싶지 않은데요."

"아직 말 못 하겠어요."

"나중에 말하면 안 될까요?"

이 말은 내가 상담을 받게 된 뒤에 여러 상담자를 만나면서 가장 먼저 하는 말이 됐다. 나는 나를 돕겠다는 상담자를 만날 때조차 내 이야기를 들을 만한 사람인지 철저히 따지고 쟀다. 상담자까지 고르고 골랐는데 친구들은 오죽했을까? 그래서 나는 마음에 안 드는 사람은 단숨에 제치고 사람을 무척 가려서 사귀는 사람으로 오해받기도 했다. 그런데 그런 오해가 차라리 낫다. 아빠가 내게 한 짓을 폭력의 문제가 아니라 성의 문제로 오해받는 것보다는.

귀가 있는가?

"저 이뻐힌데 깅긴딩했어요. 초등학교 5학년 여름 방학부터……."

대학교 1학년 여름 방학 때 집을 뛰쳐나와 찾아간 교수한테 '강간'이라는 단어를 소리 내어 처음 말했다. 그런데 그 교수는 엄마랑 통화를 하고 몇 마디 나눈 뒤 엄마를 불러 나를 집으로 데려가게 했다.

"다시는 너한테 그러지 않겠다는구나."

병신 같은 년! 처음으로 다른 사람한테 말했는데, 도움도 청했는데……. 나는 다시 집으로 끌려가 그놈에게 더 악랄하게 그 짓을 당해야 했다. 그년 때문에. 그리고 오랜 시간 아빠라는 사람이 그렇게 할 수 있던 이유는 아이도 즐긴 때문이 아니냐고 했다고 한다. 미친년.

'강간'이 소리가 돼 나온 첫 노출은 그렇게 잔인한 오해로 끝났다.

사실 그 여자에게 말하기 전에 엄마는 그동안 나한테 일어난 일을 알게 됐다. 아니, 이미 알고 있던 것을 기습적으로 내게 확인했다. 아빠가 아닌 내게.

대학교 1학년 여름, 엄마랑 목욕탕에 갔다. 엄마하고 단둘이 이야기를 나눌 수 있는 곳은 이곳 목욕탕뿐이었다. 아빠라는 사람은 내가 엄마에게 뭐라도 말할까 싶어 절대 단둘이 두지 않았다. 엄마는 단도직입으로 물었다.

"너, 아빠가 그랬지?"

'그랬지'라는 말로 모든 게 다 이해되는 상황이었다. 내가 전혀 의도하지 않은 상황에서 내 상처가 노출되면서 갑자기 눈앞이 하얘졌다. 더운 목욕탕이었는데도 소름이 온몸을 스쳤다. 옷이라도 입은 상황에서 이야기하지 싶은 이상한 수치심에 사로잡혔다. 엄마의 주의를 다른 곳으로 끌고 싶던 나는 방금 양치질을 한 칫솔로 머리빗에 낀 때를 문지르기 시작했다. 내 생각은 통했다.

"야, 더럽게 무슨 짓이야?"

엄마는 얼굴을 찡그린 채 짜증스럽게 말했다. 이게 더러운 짓일까? 아빠라는 놈이 내게 한 짓이, 또 자신의 남편에게 딸이 성폭력 당하는 것을 알면서도 딸을 '아빠 붙어먹은 년'으로 부른 그 짓이 더러운 게 아닌지 묻고 싶었다. 아니, 엄마의 '더럽게'는 아빠라는 사람과 내 관계를 표현하는 것처럼 느껴지기도 했다. 그놈이 더러운 건데. 엄마는 위로의 말이나 지켜주지 못해 미안하다는 말은커녕 남편이 바람피우는 현장에서 상대편 여자를 잡아 취조하듯 몇 마디 따져 묻고 말이 없었다. 엄마는 목욕탕을 나와 옷을 입으면서 그날 알게 된 사실도 옷 속으로 숨긴 듯, 집에 와 다른 가족들 앞에서는 잠잠했다. 노출된 상처 깊은 곳을 헤집고 소금을 한 줌 쑤셔 넣은 뒤 쳐다보는 것 같았다.

그때 알았다. 노출은 상대방을 봐가며 해야 한다는 것을, 들을 귀와 마음이 있는 사람인지 철저히 살피지 않으면 오히려 노출이 내 상처를 더 깊게 할 수 있다는 것을.

하고 싶은가?

심장이 쿵쾅거리기 시작했다. 다른 사람들이 자기 자신을 노출하는 이야기의 수위가 높아갈수록 내 가슴은 더 세게 뛰어댔다. 교회 수련회에서 이런 상황은 처음 보는 것이라 놀랍기도 했다. 한국성폭력상담소에서 집단 상담도 해봤지만, 이디까지나 성폭력 피해 경험이 있는 사람들끼리 이야기 나누는 자리였다. 이건 달랐다.

'할까? 말까? 해도 괜찮을까? 영서야, 하고 싶니?'

나 자신에게 묻고 또 물었다.

강당에 둥글게 앉아 한 명씩 돌아가며 자기 상처와 아픔을 이야기하고 있었다. 성폭력 문제에 관해서만 말할 수 있는 집단도 아니고, 교회로 돌아가 계속 얼굴을 봐야 하는 사람들에게 나를 노출할지 말지 결정하는 데 3박 4일이 걸렸다. 마지막 밤 많은 사람들이 자기 이야기를 하고, 서로 기도해주고, 힘을 주고 있었다. 나는 계속 망설이다가 조용히 말을 시작했다.

"이걸 어떻게 말해야 할지 잘 모르겠는데, 내 속에만 담아두기 너무 힘들어서 나누고 싶어요."

참여자들 중 마지막으로 말하기 시작한 만큼 꽤 늦은 시간이었다. 그런데도 사람들은 모두 조용히 집중해서 내 이야기를 들었다. 100명 가까운 사람들이 며칠 동안 나눈 이야기 중 가장 아픈 문제였는지 다른 사람들이 이야기를 마친 뒤하고 비교할 수 없이 큰 울음소리와 비명이 터져 나와 예배당 안에서 엉켰다. 나는 눈물도 흘리지 않고, 담담하게 내게 일어난 일을 이야기하고, 내 치유와 용서를 위해 기도해주면 좋겠다고 했다. '상처 입은 치유자'로 살아가고 싶다는 소망도 말했다. 교회 친구들은 밤늦은 시간까지 내 이야기를 듣고, 마음을 모아 기도했다.

교회로 다시 돌아온 뒤 나는 약간 걱정이 됐다. 그렇지만 그 일로 소문이 돌지 않았고, 교회 친구들은 부담스럽지 않은 애정과 관심을 보여줬다. 그래서 지금도 내가 그 교회를 다니고 있지 싶다. 사실 이런 자리에서 노출하려면 한 번 보고 마는 게 아니라 계속 그 사람들을 봐야 한다는 문제, 그 사람들은 나 같은 성폭력 문제를 겪지 않았다는 문제, 그다지 친하지 않은 사람들도 내 이야기를 듣고 알게 된다는 문제 등 다양한 점을 미리 고려하고 말하기 시작해야 한다. 이런 경우 말하고 난 뒤가 더 중요하다. 사람들 반응이 영 아니었다 하더라도 움츠러들지 말자. 내가 하고 싶어서 한 것이니까. 내가 하고 싶은 말을 내가 원하는 방식으로 해냈는지가 더욱 중요하다. 안전장치 없이 내가 말하고 싶은 대상에게 내가 말하고 싶은 때 말하는 실험을 성공적으로 해낸 느낌이었다.

그래, 그렇구나. 상대가 들을 귀가 있는지도 중요하지만, '내가 내 상처를 이야기하고 싶은가? 어떻게, 누구에게 말하고 싶은가?'가 더 중요하다는 사실을 깨달았다. 내가 인식하고 받아들인 대로 말하게 될 것이고, 그 인식이 다른 사람에게도 전해질 테니 말이다.

교회 수련회 이후 나는 성폭력 문제만 다루는 집단이 아니라 사이코드라마 워크숍을 신청했다. 워크숍 첫날, 참가자들이 다들 너무 잘난 사람들끼리 부담스러웠다. 교수, 의사, 전문 상담가……, '도대체 이것들은 왜 여기까지 와서 이런 걸 듣고 난리야? 자기 문제 풀어보려고 온 사람들 맞아? 이거 기교 좀 배워서 상담할 때 써먹으려고 하는 거 아냐? 재수없어, 난 내 문제 좀 이야기하고 풀어보고 싶어서 왔는데.'

삐딱한 마음에 일단 다른 사람들의 사이코드라마를 지켜본 뒤 내 드라마를 할지 말지 결정하겠디고 결론 내렸다. 내 드라마 순서를 맨 나중으로 미뤘다. '니들이 양말 벗으면 나도 양말 벗을 거고, 팬티 벗으면 나도 팬티 벗을 거야.'

워크숍은 몇 주 동안 진행됐고, 밤새 술을 마시며 이야기도 나눴다. 사이코드라마는 점점 깊은 자기 이야기로 들어가고 있었고, 밤샘 술자리에서는 더 깊은 이야기들이 오갔다.

'어라, 저것들이 속옷도?'

그래도 나는 끝까지 지켜보기로 했다. 결국 내가 사이코드라마를 하던 날 밤.

아빠 역을 맡은 사람은 이야기가 전개되면서 점점 사색이 됐다. 나도 마찬가지였다. 졸지에 가해자가 된 사람의 말 한마디에 나는 얼굴이 하얗게 질린 채 쓰러져 아무것도 하지 못했다. '악' 소리조차 내지르지 못하는 나를 보고 디렉터는 사이코드라마를 중단했다. 그날 저녁 프로그램 일정은 모두 취소됐고, 참가자들은 그날 보고 들은 내용을 다 기억에서 지우려는 듯 술을 마시고 또 마셨다. 그리고 함께 울며 아파했다. 그전까지 같이 사이코드라마를 하는 사람들은 '왜 쟤는 다른 사람의 아픔에 공감하지 못하고 사과나 씹어 먹을까'(그때 나는 다른 사람의 사이코드라마가 절정을 향해 나아가고 있을 때면 한쪽에서 '흥, 저게 힘들다고 지금 저 지랄을 떠는 거야?' 하는 생각이 들어 사과를 우적우적 씹었다), '쟤는 왜 저렇게 끝까지 자기 드라마를 못하고 뒤로 미루나' 궁금해했다고 한다. 그러나 디렉터는 내게 따끔하게 한마디했다.

"자기 상처의 깊이에 갇혀 '뭐 저걸 갖고 힘들다고 난리야?' 하는 그런 생각을 넘어설 때 너는 진짜 멋진 상처 입은 치유자가 될 거야. 모든 사람은 자기만의 상처로 아프고 힘든 거거든. 네가 가장 힘든 건 아냐."

그때는 그 말이 듣기 싫었다. 그렇지만 일상으로 돌아와 지금까지 그 말이 떠오르는 것을 보면 맞는 말, 도움 되는 말이었다.

혼자 홀떡홀떡 벗어젖히는 게 노출의 능사는 아니다. 내게만 집중하다 보면 함께하는 사람들이 어느 수위에서 서로 공유하고 싶어하는지 살피지 못하게 된다. 나만큼 다른 사람들도 중요하다. 다른 사람들은 얼마나 벗는지, 그걸 살피며 노출의 수위를 조절해야 다른 사람을 배려할 수 있다.

'너 양말? 나 양말. 너 팬티? 나 팬티.' 이 방법은 좀 치사해 보여도 서로 상처를 덜 주고받을 수 있다. 그런데도 양말 벗는 사람 앞에서 팬티를 벗고 싶다면 스스로 마음의 준비를 단단히 하면 되지 싶다. 지금까지 한 경험으로는 상대방의 반응보다 더 중요한 것은 말하고 난 뒤의 내 반응이었다. 상대방도 상대방이지만 내가 괜찮으면 괜찮다.

중요한 것은 '노출 뒤 내 마음은 어떤가?'라고 생각한다. 내가 시원하고 내가 편안한 것만큼 중요한 게 없다. 노출의 중심에는 언제나 자기 자신을 두는 게 좋다. 적어도 나는 그랬다.

몇 년 뒤 '치유하는 글쓰기'에 참여해 내가 그동안 말해온 내용을 글로 쓰기 시작했다. 말하기는 다른 사람에게 나를 보여주는 과정이라면, 글쓰기는 나 자신에게 나를 보여주는 과정 같다. 글쓰기를 시작한 뒤로는 혼자 많이 울었고, 써놓은 글을 보고 다듬으며 내 경험에 관한 내 생각도 조금씩 다듬어졌다. 입에서 소리가 돼 공간 속으로 흩어지던 내 생각들이 활자가 돼 종이 위에 차곡차곡 정리됐다.

말하기보다 더 세밀하게 성폭력 상황을 묘사하는 글쓰기는 내게 이상한 수치심을 안겨줬다. 그런데도 나는 내가 당한 일을 자세히, 낱낱이 표현하고 싶었다. 너무 수치스런 기억으로 새겨진 것들은 여전히 말이나 글로도 표현하지 못한다. '내가 느껴야 할 수치심이 아니다. 그놈이 느껴야 할 수치심이다.' 스스로 아무리 주문처럼 외워도 수치심은 절대 지워지지 않을 그을음처럼 남아 있었다.

말하기보다 묵직해진 글쓰기는 노출 수위를 한층 더 높였다. 일기 같은, 넋두리 같은 글쓰기에서 시작해 좀더 다듬고 살을 붙여 한국성폭력상담소 소식지인《나눔터》에 글을 싣게 됐다. 더 많은 사람들에게, 불특정 다수에게 내가 하고 싶은 말을 내가 하고 싶은 방식으로 시작한 것이다. 사람들 반응에 연연하지 않은 채 한번 소리를 쏟아내고 마는 게 아니라 내가 겪은 일에 관한 내 생각과 반응을 정교하게 정리하게 되면서, 내 노출은 단순히 내 만족을 위한 것만이 아니게 됐다. 내 글을 읽을 사람들을 생각하며 노출을 시작하게 된 것이다.

휴가를 쪼개 글을 쓰는 지금, 나는 결코 내게만 집중하지 않는다.

이 글을 읽는 사람들이 자꾸 신경이 쓰여 고치고, 다듬고, 지우고, 쓰기를 반복하고 있다. 단순히 잘 썼다는 말을 듣고 싶은 게 아니다. '이런 방법이 도움이 되더라고요'라는 민간요법을 말해주려니 어렵다. 내게는 유용한 방법이었지만, 다른 사람들이 그냥 막 따라오다 더 아파지면 안 되니까. 그렇지만 내가 먼저 슬슬 걸어 나오다 보니 여기까지 왔다고, 한번 자기만의 길로 여기 와보라고 권하고 싶은 것, 그 정도다.

9년 동안 꽁꽁 감싸둔 날것의 상처는 다양한 노출을 통해 그렇게 새살이 돼 돋아났다. 소식지에 글을 연재하면서 나는 좀더 단단해졌고, 내 문제에 관해 이야기 나눌 때 내 글을 활용하기도 했다. 말보다 훨씬 편안했고, 과거에 묶인 내가 아니라 이런 글을 공유하는 지금의 나를 보여줄 수 있어 좋았다.

상처를 노출하는 것은 단순히 상처를 열어 보이고 '마이 아파'라고 말하려는 의도가 아니다. 상처에 앉은 딱지와 이미 새살이 돋아 볼록하게 솟아오른 내 일부를 보여주면서 이렇게 말하려는 거다.

"이 약을 써보세요. 이런 방법이 참 괜찮네요."

글을 통한 노출이 나를 이런 단계로 건너가게 해줬다.

편안한 관계부터 시작하는 게……

'왜 저한테 이런 일이?'

아빠라는 인간에게 그 짓을 당한 뒤 예수님에게 처음 한 말이다. 엄마, 외할머니, 오빠, 남동생들에게는 왠지 창피해서 말할 수 없었지만, 예수님에게는 처음으로 진짜 속 얘기를 시작했다. 그 새끼한테 당한 날이면 잠자리에 누워 울면서 기도를 하다 잠들었다. 몇 번은 그 새끼가 기도하지 말라고 때리기도 했다. 기도하고 싶어도 너무 지쳐 울다 잠든 하루는 내가 교회에 혼자 앉아 땀을 뻘뻘 흘리며 방언으로 기도를 하는 꿈을 꾸기도 했다. 현실의 나는 방언을 못 하는데 신기했다. 내가 너무 힘드니까 내 속의 영혼이 깨어나서 기도하나 싶었다. 아무튼 나는 아무한테도 입도 뻥긋 못 하는 일들을 예수님에게 미주알고주알 말하고 있었다. 그냥 힘들다고만 하지 않았다. '이런 악한 상황에서 벗어나게 해주세요. 저 새끼 벌받게 해주세요. 저 미친 새끼, 개새끼, 내가 찢어 죽이고, 말려 죽일 테야(드라마 〈토지〉에서 최서희가 던진 대사를 인용하기도 했다), 병신, 집 나가면 다른 사람들 앞에서는 꼼짝도 못 하는 새끼가 집에서만 지랄이야' 같은 다양한 욕을 하면서 내 속의 분노를 격렬하게 뿜어내고 있었다.

예수님도 맞장구를 치시는 듯 나는 욕하면서 전혀 죄책감이 들지 않고 신이 났다. 욕을 하고 나면 속이 시원했고, 창피하지도 부끄럽지도 않았다. 기도하기 어려울 때는 종이에 그놈 욕을 마구 쓴 다음에 쫙쫙 찢어버리기도 했다.

어쨌든 내 속을 힘들게 하고 썩어들게 할 듯한 것은 죄다 내 밖으로 끄집어냈다. 계속되는 성폭력 상황에서 자포자기나 자책도 하지 않고, 혼자 힘들어하며 주저앉지도 않았다. 가해자인 그놈을 미워하고 마음껏 내 속말을 할 수 있는, 혼자만 있는 노출의 시간을 가진 거다. 그 시간을 통해 나는 그냥 머리로 아는 게 아니라 내 가슴 깊은 곳에서 그 사람이 나쁜 놈이라는 인식을 하게 된 것 같다. 괜한 죄책감도 갖지 않았다. 그래서 나중에 가출한 뒤에 아빠이던 그 사람을 양가감정 없이 고소할 수 있었으리라. 나는 언제부터 그놈하고 살아야 하는 이 지옥에서 벗어날 수 있다는 확신이 들었다. 9년 동안 그 새끼에게 얻어맞고 당해도 포기하지 않고 건강하게 자랄 수 있던 이유는 내 문제를 죄책감 없이 지속적으로 말할 수 있었기 때문이라는 생각이 든다. 9년 동안 정말 하루도 빠짐없이 내 문제를 두고 예수님이랑 이야기를 나눴다.

집을 나와 혼자 지내며 교회에 다닐 때도 나는 내 아픔이 치유되기를 소망한다고 끊임없이 예수님에게 이야기했다. 밤새 '예수님'만 부르며 눈물로 기도하기도 했고, '아파요'라는 말만 하기도 했다. 내가 그놈하고 살 때 가장 가까운 곳에서 내가 하던 이야기를 들어준 분이니 과거 이야기는 안 해도 다 알 테고, 그래서 그냥 참 많이 울었다. 며칠을 울면서 기도하기도 했다. 울기만 해도, 이런저런 설명 안 해도 내 속을 알아주는 존재가 있다는 것이 편했다.

사실 사람들을 만나 이야기할 때는 '내가 살아온 이야기를 어디까지 해야 나를 이해할 수 있을까? 부담스럽다고 도망가지 않을까? 창피한데, 나를 어떻게 생각할까?' 등 오만 가지 생각을 해야 해서 불편하기도 하다. 그러나 혼자만 있는 시간에 예수님에게 말할 때는 어떤 상처도 주거나 받지 않아도 됐다. 사람들하고 말할 때처럼 이 눈치 저 눈치 살피지 않고 그냥 내가 하고 싶을 때 언제든지 말할 수 있는 것도 편하고 좋았다. 언제나 내가 말하고 싶은 걸 말할 수 있고 지속적으로 노출해도 지치지 않는 대상은 진정한 힘이 된다. 이런 길고 긴 깊이 있는 노출의 과정이 있었기 때문에 사람들하고도 편하게 내 문제를 나누게 됐지 싶다.

최근의 노출

가장 최근에 말로 내 이야기를 노출한 상대는 남자 친구였다.

"나 아빠한테 강간당했어."

"영서, 잘 컸네요."

사귈지 말지 결정하려는 시점에 그 사람에게 대뜸 '강간'을 말했다. 왜 그렇게 짧은 문장으로 '강간'을 넣어 말했는지 모르겠지만, 간단히 말하고 싶었다. 내가 하는 말을 듣고 놀라서 도망갈 사람이면 시작하기 전에 보내고 싶었다. 소식지에 글을 쓰고 있다고 말하고, 내가 쓴 글도 보여줬다. 그 사람은 놀라는 기색도 없이 '잘 컸네요'라고 하고, 따뜻한 눈으로 나를 보며 그런 일을 겪은 사람인지 몰랐다고, 밝고 당당해서 깊은 상처가 있는 사람 같지 않다고 했다. 나중에 내가 쓴 글을 모아 책을 내고 싶다고 했더니 자기도 응원하겠다고 했다. 내가 쓰는 글을 읽고, 같이 이런저런 의견을 주고받기도 했다. 내게 생긴 일을 불쌍해하지 않고 그 일을 잘 겪어낸 지금의 나를 사랑하는 사람이라, 이런 이야기를 편하게 나눌 수 있다. 가까운 사람에게 편안하게 노출할 수 있다는 게 참 좋다.

★

　꼭 기억해주면 하는 것은 이 방법은 어디까지나 '영서의 처방전'이
라는 사실이다. 상처를 노출하는 게 내게는 도움이 됐지만, 아닌 경우도
있을 수 있다. 그게 더 힘든 사람도 있을 수 있다. 각자 자신만의 비법을
찾고, 고민하고, 함께 나눌 수 있으면 좋겠다. 상담소 친구들도 말한다.
내 주변에 좋은 사람들이 많았다고. 들을 귀와 마음을 가진 사람들을 많
이 만나 참 감사하다. 당신 주변에도 들을 귀와 마음을 가진 사람들이
있기를 바란다. 진심으로.

두 번째 처방전
—
표출

욕하기

씨팔, 개새끼, 어디 가서는 찍소리도 못하는 게 또 지랄이야, 개새끼,
개새끼야, 저걸 갈기갈기 찢어 죽여버려야지, 병신 같은 새끼, 너 나중에
늙으면 개새끼라 구박하고, 막 팰 거야, 이 새끼야. 지랄, 지랄, 에에에에
에에에 하나도 안 들리거든, 병신 새끼야, 나중에 두고 보자 병신 새끼,
네가 무슨 아빠냐, 개새끼야…….

그 새끼한테 맞고, 당하고 나면 글씨가 보이지도 않는 어둠 속에 쪼
그리고 앉아서 갈겨썼다. 곧 잘게 찢어서 연탄불에 넣어 태우거나 했지

만, 그래도 속은 시원했다.

　욕하기는 여기에서 그치지 않았다. 그 새끼가 나를 화나게 하면 나는 입술을 들썩이며 욕을 했다. 소리를 내지는 못했지만, 종이로 쓰는 것보다 좀더 시원한 느낌이 들고 힘이 났다. 욕을 하다 입술을 꽉 물었을 때 분노가 힘으로 느껴지는 묘한 순간들이 있었다.

　그러다 하루는 그 새끼가 배를 주먹으로 쳐서 숨이 막혀 캑캑대고 있는 오빠 모습을 보는데, 나도 모르게 주먹이 꽉 쥐어졌다. 어느새 내 머릿속에서는 내가 아빠라는 새끼를 주먹으로 막 패고 있었다.

　'병신 새끼, 밖에 나가서 다른 아저씨들 앞에서는 꼼짝도 못하는 새끼가 집에서 어린 자식들, 아픈 엄마만 패고 지랄이야. 병신아, 너 진짜 웃긴 새끼거든.'

　욕하기는 단순히 분노를 뿜어내게 해줄 뿐 아니라 내 안의 힘을 키워주는 것 같았다. 적어도 나는 욕을 하면서 점점 그 새끼에게 속으로나마 막말을 할 수 있었고, 패줄 수 있었고, 죽일 수도 있었다.

　며칠 전에 아빠라는 새끼한테 전화를 했다. 그 사람을 우연히 마주친 뒤 화가 나면 종종 전화를 걸어 따지는 습관이 생겼다.

　"아가, 왜?"

　"지랄한다. 그렇게 부르고 싶냐?"

　"너 자꾸 왜 그래? 어디야? 술 마셨냐?"

　"병신, 아주 지랄을 한다. (비웃음을 적절히 날려준 뒤) 나 잘살고 있어, 개새끼야. 너는 나를 사랑할 사람이 없다고 했는데. 개새끼야, 진짜

괜찮은 애 만났거든. 근데 내가 부모가 제대로 없다고 걔네 부모가 결혼
반대한다. 개새끼, 너 때문이야."

"야, 아가, 왜 그러냐? 걔가 너 갖고 노는 걸 수도 있어. 정신 차려."

"벼~엉~신 새끼, 그렇게 말하면 좋냐?"

"너 왜 그러냐? 아가, 지금은 아무튼 전화 끊는 게 좋겠다."

"병신 같은 새끼. 개새끼. 지가 뭔데 전화를 먼저 끊어?"

이상했다. 몇 년 만에 그 사람의 전화번호를 알아내고 난 뒤 몇 번
전화해서 욕을 했는데, 속이 참 후련하다. 내 속에 쌓인 쓰레기 같은 감
정을 버려야 할 곳에 버리고 있다는 느낌이 들어 그 사람에게 전화를 하
게 됐다. 주변 사람들에게 화도 잘 내고 신경질적이라는 평을 자주 들었
는데, 그 화는 주변 사람들에게 갈 것들이 아니었다. 그 사람 때문에 쌓
인 분노가 엉뚱한 곳으로 튀는 사태를 이제는 멈추고 싶었다.

물론 그 사람이 나를 찾아와 괴롭힐까 봐 겁도 살짝 났다. 처음에
전화할 때는 특히 그랬다. 처음 전화를 걸 때, 목소리는 떨지 않았지만
전화기를 들고 있는 손과 다리는 조금 떨렸다. 그런데 몇 번 전화를 해
욕을 하기 시작하면서 겁낼 사람은 내가 아니라 그 사람이라는 생각이
들었다. 그 사람에게 할 욕을 종이에 글로 쓰거나 입속이나 머릿속에서
하는 게 아니라 소리 내어 하기 시작하니, 또 다른 경지가 펼쳐졌다.

그 사람 귀에 대고 직접 욕을 하기 시작하면서 그 사람에게 품은 두
려움이 옅어지기 시작했다. 그 사람은 이제 내 어린 시절 막강한 힘으로
나를 마구 대할 수 있던 그런 존재가 아니었다. 개새끼를 개새끼라 부르

고(이 욕을 할 때마다 개한테 미안하지만 달리 무슨 욕을 해야 할지 모르겠다), '내가 너 때문에 진짜 화가 났거든' 하고 그 사람에게 직접 전달하고 있는 지금이 참 좋다.

나는 쉽사리 용서를 말하고 싶지 않다. 욕할 만큼 하고, 미워할 만큼 미워하고, 죽이고 싶으면 백 번이고 천 번이고 죽이고 또 죽이면서 속이 풀릴 때까지 원 없이 욕하라고 말하고 싶다. 어설프게 미워하고, 대충 욕하지 말고, 완벽하게, 철저하게 온 마음을 다 실어서 더는 미워할 힘이 남지 않을 때까지 미워하라. 욕하고 욕하다 더는 어떻게 욕해야 할지 모를 때까지, 세상에 있는 나쁜 표현은 다 써버려서 더는 할 말이 없을 때까지 욕하라.

싸우기

지하철을 타려고 서 있는데 어떤 술 취한 남자가 진한 화장을 한 내 친구에게 말 같지도 않은 말을 건넨다.

"야, 너 어디 룸싸롱 다니냐? 어디에 있냐고, 한번 가줄게."

"하지 마세요."

겁에 질린 친구 대신 내가 한마디했다.

"아니 어느 룸싸롱 다니냐고? 내가 한번 가준다고."

"야, 그만하랬지? 너 성추행으로 경찰서 한번 가볼래?"

나는 겁나서 대꾸도 못하는 친구 대신 말까지 터가며 취한 남자에게 따졌다.

"네가 왜 그래? 얘한테 말하는데?"

"야, 얘가 룸살롱에서 일하는 애도 아니고, 네가 뭔데 다른 사람들 있는 데서 그런 말을 해? 야, 따라와."

그런데 그 술 취한 남자가 순순히 내 뒤를 따라왔다. 속으로는 '짜식, 따라오란다고 따리오냐? 잘못했다고, 미안하냐고 하고 도망갈 것이지' 싶었다. 그러나 시작한 만큼 그만둘 수는 없었다. 친구는 옆에서 그냥 가자고 했지만, 나는 어느새 기둥에 붙어 있는 '지하철 수사대'에 전화를 걸고 있었다.

"여기요, 성추행 사건이 있어서요. 여기 ○○○로 와주세요."

취한 남자는 갑자기 화장실이 가고 싶다고 난리다.

"야, 앉아서 싸. 조금 있으면 경찰 오니까."

이상하게도 그 술 취한 남자는 내 말을 잘 들었다. 의자에 앉아 경찰을 기다렸다.

조금 있으니 경찰이 왔다.

"어디 만졌나요? 어떤 성추행인가요?"

나는 술 취한 아저씨가 한 말과 정황을 들려줬다. 그랬더니 경찰은 대뜸 말했다.

"그러니까 어디를 만진 건 아니네요?"

"저요, 한국성폭력상담소에서 일하는 사람인데요. 이 사건 그냥 넘기면 저도 그냥 넘어가지 않습니다."

갑자기 경찰들 태도가 달라졌다.

"아, 그럼 일단 가까운 경찰서로 가시죠."

그 남자를 끌고 작은 파출소에서 경찰서로 이동했다. 그곳에서 강력반 형사가 술 취한 남자를 조사하고, 우리는 집으로 갔다. 형사는 '좋은 사건' 있으면 자기에게 연결해달라며 아주 호의적이었다. 대학원을 다니며 한국성폭력상담소에서 시간제로 아르바이트를 할 때였는데, 명함 덕을 톡톡히 본 셈이다.

"정식으로 사과하지 않으면 저 사람, 그냥 안 넘어간다고 해주세요."

우리는 이런 말을 남기고 왔다. 그 사람은 조그만 의자에 쪼그리고 앉아 밤을 지새우고, 다음날 우리에게 사과 전화를 하고 나서야 경찰서를 나설 수 있었다.

사실 나도 안다. 그렇게 크고 무거운 처벌을 받지 않는다는 것을. 그렇지만 그 사람은 술 취한 상태를 핑계로 젊은 여성들에게 그런 식으로 말하거나 더 심한 날은 성추행을 했을 수도 있다. 그러고도 귀찮고 두려워서 피해버리는 여자들만 만났을지도 모른다. 그래서 계속 그래도 된다고 생각하며 살아왔겠지. 나는 그게 싫어서 더 싸우게 되는 것 같다. 내 인생에는 이런 싸움이 자잘하게 많았다. 다행스럽게도 지금까지는 그 싸움에서 아무 피해도 입지 않고, 이겨왔다. 주변에 있던 사람들도 도와줬고, 경찰들도 순순히 내 말을 잘 들어줬다. 싸울 때면 생각나는 그림이 있다. '오늘도 무사히'라는 문구하고 함께 귀여운 꼬마가 기도하는 성화다. 싸우기 전에 이 기도를 해보는 것도 좋겠다. '오늘 싸움도 무사히.'

아무튼 싸우기는 내게도 편안한 방법은 아니었다. 그러나 그 시간들을 후회하지는 않는다. 내게 필요한 시간이었다고 생각한다. 그렇지만 앞으로 이 방법을 사용할 생각은 별로 없다. 그런데도 여기에 소개하는 이유는 혹시 여러분 중 이런 시기를 지나는 사람이 있다면 더 열심히 싸우라고 말하고 싶기 때문이다. 부탁이 있다면 시작한 싸움은 이기고, 다치지 않게 안전장치를 지혜롭게 마련한 뒤 싸우라는 것이다. 나는 싸우다 불리할 것 같으면 경찰을 부르기도 했고, 도움이 필요할 때는 주변에 도움을 요청하기도 했다. 소모적인 면도 있었지만 어느 정도 그 사건들을 즐겼고, 내 힘을 확인하는 시간이기도 했다. 별로 권장하고 싶은 방법은 아니지만, 각자 생활 속에서 자기에게 맞게 적용해보기를 바란다. 꼭타인하고 벌이는 싸움은 아닐 수도 있다. 자기 자신하고도 처절하게 싸우고 이겨야 할 때가 있다. 그런 순간들이 다가오면 피하지 말기를 바란다. 싸울 때는 상대가 타인이든 나 자신이든 열심히, 끝까지 싸우는 게 중요하다. 시작했다가 물러서거나 싸움을 참으면 나중에 두고두고 후회하게 되고, 점점 위축될 수 있다. 만약 싸우기 겁이 나면 한국성폭력상담소에서 하는 '자기 방어 훈련'에 참여하는 것도 힘 기르기에 좋은 도움이 될 것이다. 싸우기에서는 먼저 눈빛과 단단한 목소리로 상대를 제압하는 방법부터 연습해두면 도움이 된다.

따지기

'이건 뭐 너무 쉽구먼. 어떻게 상처를 입었는데 용서가 이렇게 쉬워? 쳇, 상처도 받아보지 않은 저자가 썼나보네. 이거 봐, 신부니까 이런 말

써놓지. 암튼 종교인들은 너무 쉽게 용서를 말한다니까, 재수없게. 이걸 확, 가서 한번 따져봐?'

《상처와 용서》라는 책을 읽던 나는 속이 부글거려 도저히 참을 수 없었다. 나는 워낙 상처나 치유, 용서에 관심이 많아 관련된 책을 많이 찾아 읽었다. 그러던 중 읽게 된 책이 《상처와 용서》였다. 진부해 보이는 제목, 쉽게만 쓴 상처와 용서를 보면서 이건 그냥 넘기면 안 되겠다는 이상한 독기가 올라왔다. 진짜 깊은 상처를 입어서 용서하기 힘든 나 같은 사람들을 두 번 죽이는 책이 될 수도 있다는 생각에 저자를 찾아갔다.

"저 묻고 싶은 게 있어서 왔어요, 신부님."

"네? 뭐죠?"

"신부님은 상처를 받아보시기는 하고 책을 쓰셨나요?"

"아, 잠깐만요, 문 좀 닫고 이야기 나눌까요?"

어느새 내 목소리 톤이 떨리며 올라가고 있었다.

"신부님은 상처를 받아보기는 했냐고요? 어떻게 그렇게 쉽게 상처에 관해 이야기하고, 용서를 말할 수 있는 거죠? 말도 안 된다고 생각해요. 책을 읽다 너무 화가 나서 왔어요."

"아, 왜 그런 생각이 들었죠? 사실 제가 그리 깊은 상처를 받아보지는 않았다고 생각해요. 용서에 관해서도 그리 심각한 용서를 해야 한 경험은 없어요. 단지 그 문제로 힘들어하는 사람들에게 도움이 되고 싶어 썼어요. 네, 제가 상처나 용서에 관해서는 잘 모릅니다."

"저는 아빠라는 사람에게 9년 동안 성폭행을 당했어요. 그래서 용서에 관해 오랜 시간 고민했지만, 우리 교회 목사님은 하지 않아도 된다고, 네가 용서 안 해도 된다고 하셨단 말이에요. 그런데 신부님은 상처를 치유하려면 나를 위해서 용서해야 하는 것처럼 말하는데, 모든 상처가 그렇다고 생각하지는 않아요."

"아, 그렇게 힘든 일이 있었군요. 기분이 상했다면 미안해요. 상처나 용서에 관해서는 제가 잘 알아서 그 책을 쓴 건 아니에요. 미안합니다."

상처와 용서에 관해 잘 모른다고 겸손히 말하는 신부님 앞에서 막 따지고 싶던 기운이 한풀 꺾였다. 저자에게 따지기는 내가 즐기는 습관 중 하나다. 집에서 나온 뒤 상처, 치유, 용서에 관한 책들을 많이 찾아 읽었다. 그럴 때면 책의 빈 공간 곳곳에 빼곡히 글을 쓴 기억이 있다. 내용은 이렇다.

'치, 이건 당신 생각이지. 용서가 그렇게 쉬울 것 같으면 누가 못하냐고. 나는 그렇게 생각하지 않는데. 나는 내 시간에 맞출 거야. 무조건 빨리, 나를 위해서라도 빨리 용서하라고? 안 되면 못 하는 거지. 일단 미울 때는 미워할 거야……'

아무리 유명한 사람이 쓴 글이라도, 아무리 훌륭한 사람의 생각이라도 내가 받아들일 수 있을 때 받아들이고 소화하는 게 치유에는 도움이 됐다. 세상 어느 누구의 말이라도 내 생각, 내 기준에서 따지고, 또 따져보자. 그 사람이 내 인생 대신 살아줄 것도 아니고, 내 인생 내가 사는데 나만의 방식이 있어야 할 것 아닌가. 저자를 직접 찾아가 따진 것은 그때가 처음이었는데, 내게도 신선하고 좋은 느낌으로 남아 있다. 일단 그 신부님이 보인 반응이 좋아서 그런 것도 같다.

독하게 욕하고, 처절하게 싸우고, 건방지게 따지는 시간을 통해 당신 안의 눌리고 감춰진 감정을 표출하는 시간을 충분히 가지기를 바란다. 당신의 상처가 잘 익어가도록.

다시 한 번 말하지만, 이건 어디까지나 '영서의 처방전'이다. 당신만의 방법으로 치유의 길을 걸어가기를 바란다.

그러면 언제인가 당신의 잘 익은 상처에서 꽃향기가 날 것이다.

상처에 대하여

복효근

오래 전에 입은 누이의
화상은 아무래도 꽃을 닮아간다.
젊은 날 내내 속 썩어쌓더니
누이의 눈매에선
꽃향기가 난다.
요즈음 보니
모든 상처는 꽃을
꽃의 빛깔을 닮았다.
하다못해 상처라면
아이들의 여드름마저도
초여름 고마리꽃을 닮았다.
오래 피가 멎지 않던
상처일수록 꽃향기가 괸다.
오래 된 누이의 화상을 보니 알겠다.
향기가 배어나는 사람의 가슴속엔
커다란 상처 하나 있다는 것

잘 익은 상처에선
꽃향기가 난다.

16장

세 번째 처방전
투자

돈

모든 일에는 비용이 든다. 치유의 과정도 예외는 아니다.

그럼 돈이 없으면 치유의 과정도 어렵다는 말인가? 솔직히 말하면 그럴 수도 있는 것 같다. 빚을 내서 하라는 것이 아니다. 내 수입의 범위 안에서 투자를 하라는 말이다.

그 사건에서 빠져나온 지 17년이 된 지금도 나는 개인 상담을 받고 있다. 내가 경험한 치유 과정에서 보면 개인 상담은 치유 초기 단계에서도 필요하지만 치유 과정 중에도 필요할 때는 언제든 받는 게 도움이 된다. 개인 상담은 찬찬히 자기 기억을 풀어내고 그때 느꼈을 내 감정들을 세밀하게 살펴주는 과정이다. 힘들어도 힘들다는 생각을 하지 못하고, 견디며 살아남는 데만 혈안이 돼 있던 내게 '그때 정말 힘들었다, 아팠다, 죽여버리고 싶었다……' 같은 여러 감정들을 쏟아내는 과정은 오랜 시간이 걸리는 일이었고, 상담비가 많이 들기는 했지만 그만큼 값어치가 있었다. 친한 친구가 해주기에는 너무 버거운 부분이 있기 때문에 친밀하면서 무엇이든 털어놓을 수 있는 편안한 개인 상담자를 두는 것은 치유 과정을 한결 쉽게 한다.

그런데 돈이 없으면 어떻게 할 것인가? 돈이 없을 때가 있었다. 나는 상담자에게 아주 솔직하게 말했다.

"선생님, 상담을 계속 받고 싶은데, 앞으로 몇 달 동안 돈을 못 벌게 됐어요. 어떻게 하죠? 상담비를 지금만큼 내야 하면 못 다닐 것 같아요. 근데 상담은 계속 받고 싶어요."

상담자는 3분의 1로 상담비를 낮춰 계속 상담을 이어갈 수 있게 해줬다. 방법은 찾으면 어떤 식이든 찾을 수 있다. 요즘은 성폭력 피해자 치료비가 지원되기 때문에 상담소를 통해 지원을 받아도 도움이 된다.

내 문제를 어떻게 글로 풀어갈까 고민하며 치유 글쓰기 워크숍에 참여할 때도, 스토리텔링을 배울 때도 돈이 들었지만, 아끼지 않았다. 돈하고 함께 투자해야 하는 게 시간과 정신이다. 내게 소중한 것을 내 치유를 위해 투자할 때 투자한 만큼, 아니 그 이상의 진전이 가능하다. 가해자를 죽도록 패거나 심지어 죽이는 것보다 더 효과적일 수도 있다.

그런데 돈은 없는데 정말 하고 싶은 것이 있을 수 있다. 그런 때는 쉽게 포기하지 말자.

몇 년 전 사이코드라마를 다닐 때, 워크숍 비용만 해도 적게는 20만 원에서 많게는 40만 원이었다. 버는 족족 프로그램 참여비로 바치던 때였다. 사이코드라마를 하는 디렉터가 지방에 살아서 케이티엑스 요금으로 쓴 돈도 한두 푼이 아니었다. 100만 원 남짓 되는 월급을 받으며 생활했으니 내 치유에 수입의 절반 이상을 매달 투자한 셈이다.

그러다 내가 사이코드라마를 디렉팅하는 날이 됐다. 모든 교육 참가자들은 자기가 디렉팅을 처음 한 날을 기념해 같이 배우는 사람들 20명 남짓에게 저녁 식사에 더해 2차와 3차 뒤풀이까지 대접하는 게 관행이었다. 디렉팅보다 밥과 2차, 3차를 쏘는 게 더 부담스러웠다. 일주일 내내 고민하던 나는 선생님에게 전화를 했다.

"선생님, 저요, 디렉팅 마치고 밥 살 돈이 5만 원밖에 없어요. 그게 제 최선이고, 이 이상 드는 비용은 어떻게 해야 할지 모르겠어요. 5만 원에 맞는 밥집을 소개해주시면 좋겠어요."

"그런 걱정 하지 말고 그냥 와."

나는 디렉팅하는 내내 '아, 20명이나 되는데 5만 원을 누구 코에 붙이냐……' 걱정하고 있었다.

선생님은 여느 때처럼 우리를 삼겹살집으로 안내했다. 일단 먹고 싶은 만큼 삼겹살을 먹었다. 나는 일을 벌일 때 뒷일은 잘 걱정하지 않는 편이다. 내 뱃속에 들어간 것 누구도 못 꺼낸다는 철학이 있는 나는 맛있게 열심히 먹었다. 선생님이 조용히 나를 부르더니 귓속말을 했다.

"5만 원 나한테 주고, 뒷일은 걱정하지 마. 내가 알아서 할게."

선생님에게 5만 원을 넘기고 나니 속이 다 후련했다.

그러고 나서 마음놓고 2차, 3차를 갔다. 그러다 그만 소주 석 잔에 필름이 끊기고 말았다.

나는 평소 사람들에게 하고 싶던 말을 하고 말았다.

"○○○, 한국에서 사이코드라마 제일 잘한다고 생각하지?"

"언니야, 언니는 남편이 교수지 언니가 교수야? 왜 교수처럼 보이고 싶어해?"

"그리고 언니는 좋겠다. 남편이 벌어다주는 돈 가지고 이런 데 와서. 난 여기 다니면서 생활비가 모자라. 돈 걱정 없어 좋겠어."

"난 내 상처 때문에 왔는데, 오빠는 뭐 정신과 의사라 이거 환자한테 써먹으려고 왔어? 다들 배가 불러 가지고. 이런 데 왜 오고 난리야?"

(그 사람들이 한 대답이 걸작인데……, 사생활 보호 때문에 공개할 수 없어 아쉽다.)

나는 할 말 못 할 말 막했다. 그때 선생님이 눈물을 흘리며 웃으면서 입을 열었다.

"난 돈 없으면서 이렇게 당당한 것 처음 봤네. 얘가 뭐랬는지 알아? 지난주에 나한테 전화하더니 자기는 5만 원밖에 없으니까 5만 원에 맞춰 달라는 거야. 근데 그 말 하는 게 너무 당당한 거야. 너 오늘 하고 싶은 말 다 해봐. 여기 있는 것들한테 다 해봐."

나는 그날 완전히 신나서 하고 싶은 말을 마구마구 쏟아냈다. 속이 다 시원했다.

돈 없어도 기죽지 않고 약간의 똘기를 발휘하면, 오히려 신나고 멋지게 살 수 있다. 내게 필요하다면 하고 싶은 만큼 최선을 다해 투자하고, 없지만 꼭 하고 싶을 때는 여러 가지 방법을 찾아보면 좋겠다.

아무튼 돈이 가는 곳에 마음도 가며, 마음을 다하는 투자는 효과가 있기 마련이다.

'식'과 '의'

"얘는 돈은 없어도 입은 고급이야."

친구들이 내 식생활을 두고 놀릴 때 하는 말이다. 나는 먹는 것 하나를 고를 때도 어디 것인지, 농약은 얼마나 쓴 건지, 식품 첨가물은 어느 정도 들어간 건지 꼼꼼하게 살펴보는 편이다. 자신을 소중하게 대하고 싶어서 돈이 더 들더라도 생활협동조합의 유기농 또는 무농약 농산물을 주문해 먹는다. 소고기 버거 하나를 먹을 때도 어느 나라 소를 쓰는지 꼭 물어본다. 친구들 말대로 돈을 많이 버는 사람은 아니라서 엥겔 지수가 높은 편이지만 '먹는 것이 나를 만든다'는 신념을 품고 있기도 하고, 내가 나를 귀하게 여겨줘야 한다는 마음에 먹을거리에 신경쓰는 편이다.

먹을거리만이 아니다. 어느 겨울 너무 추운 저녁이었다. 천 운동화를 신었는데 발이 너무 시려 서러워지기 시작했다. 추위를 많이 타서 추우면 눈물이 난다. 그래서 어그 부츠 매장으로 가 가장 마음에 드는 부츠를 골랐다. 아주 조금 망설인 뒤, '난 이 정도 대접은 받을 자격이 있어' 하는 마음으로 부츠를 사버렸다.

유난히 추운 날이 많던 그 겨울, 나는 어그 부츠 덕분에 따뜻해서 행복했다. 어그의 세계에 발을 들여놓은 뒤 왜 진작 이 좋은 걸 몰랐을까 싶을 정도였다. 나는 이런 식으로 어린 시절부터 귀하게 대접받지 못한 것을 스스로 보상해주려 노력했다. 정말 내가 원하는 게 있으면 비싸더라도 다른 사치를 포기하고 거기에 투자했다. 나를 강하게 보이게 해주는 색상의 옷을 사는 데 한동안 꽂힌 적도 있었다. 혼자서 비싸고 맛있는 레스토랑에 가서 서빙을 받으며 스테이크를 썰기도 했다. 특히 글을 쓰는 지금 같은 때는 평소에 가고 싶던 카페나 레스토랑을 찾아간다. 혼자 따뜻한 허브차에 스콘을 먹으며 글을 쓰는 지금 내가 멋있어 보이고, 괜찮아 보인다.

그러나 원칙이 있다. 매달 수입을 넘어서는 지출은 하지 않을 것, 신용카드를 쓸 때는 보유한 자산에서 충당할 수 있는 만큼만 선결제할 것, 입는 데 많이 지출하는 달은 먹는 데 쓰는 돈을 줄이고, 먹는 데 많이 지출하는 달은 입는 데 쓰는 돈을 줄일 것 등 나름의 원칙을 세워 빚을 지지 않는다는 대전제를 늘 지켜왔다. 그래야 스트레스를 받지 않는다.

타인

내가 할 수 있는 투자에는 한계가 있다. 내가 가진 자원이 한계가 있기 때문이다.

타인의 투자를 유치하는 것 또한 치유에 꼭 필요한 과정이라고 생각한다. 좀 이기적이고 뻔뻔하게 보이더라도 나는 그만큼 투자할 가치가 있는 사람이라고 생각하면 어떨까?

타인이 내게 투자할 수 있는 것은 물질적인 것부터 정신적인 것까지 다양하다. 중요한 것은 내가 그 투자를 받아들일 수 있느냐다. 그런 투자를 도움으로 여기며 비참해하거나 자신의 처지를 비관할 일이 아니라고 생각한다.

대학교 3학년 겨울 방학 때 일이다. 학교에서 하는 영어 캠프에 참여하고 싶었다. 참가비가 비싸서 이리저리 마련해도 절반 정도밖에 되지 않았다. 수업을 마치고 기숙사로 들어가던 길에 총장님을 만났다. 평소에 만나면 인사를 하고 짤막하게 이야기를 나누는 정도였는데, 그날은 총장님이 기숙사를 한번 둘러보고 싶다고 하셨다.

"그럼 제 방으로 초대할게요. 제 방 친구들이 깜짝 놀라겠는걸요."

여자 대학생 네 명이 함께 쓰는 좁은 방으로 초대받은 총장님은 우리가 대접하는 따뜻한 차 한 잔과 과자 조각을 맛나게 드시며 이런저런 이야기를 나눴다. 그러던 중 영어 캠프 이야기를 하셨다.

"방학 때 고향집에 내려가지 않으면 겨울 영어 캠프에 참여해보는 건 어때요? 이번에 미국에서 특별히 모시고 온 선생님이 심혈을 기울이시는 것 같던데."

"그렇잖아도 저도 하고 싶어서 알바해서 돈도 좀 모았는데요, 너무 비싸요. 이제 겨우 절반밖에 못 모았는걸요. 정말 하고 싶은데……."

"아, 그래요? 그럼 이 돈 봉투가 그래서 생겼나? 내가 어디 가서 강의를 하고 왔더니 이 흰 봉투를 주던데. 세어보지도 않고 양복 안주머니에 넣고 다녔는데, 이거라도 보태요. 어때요? 받아줄래요?"

"어? 정말 저 주시는 거예요? 고맙습니다. 전 거절 안 해요. 잠깐만요. 얼마인지 세어볼게요. 하나, 둘, 셋……서른. 우와, 저한테 필요한 30만 원 맞네요. 고맙습니다. 영어 캠프 참가할게요. 열심히 공부할게요."

총장님을 보낸 뒤 친구들은 어떻게 그 돈을 바로 앞에서 세어보느냐고 했다. 아무튼 나는 그분이 해준 투자로 영어 공부를 한 자라도 더 했고, 지금도 영어 캠프에 참여한 좋은 추억을 간직할 수 있게 됐다. 돈이 없어 많은 것을 포기해야 하는 순간들마다 적절한 때 나타나 직접 투자한 사람들이 꽤 있다. 그 사람들이 해준 투자 덕분에 지금의 내가 있는 것이다.

타인의 투자는 돈에 국한되지 않는다. 나를 사랑해주는 사람들을 만나 사랑을 듬뿍 받는 것도 좋은 투자라고 생각한다. 사람에게 기본적인 신뢰가 없던 나는 나를 진심으로 사랑해주는 친구들 덕분에 타인을 조금씩 신뢰하게 됐다. 사랑으로 채워야 할 공간은 오직 사랑으로 채워지는 것 같다.

연인하고 맺는 관계는 정말 더 어려웠는데……. 이건 이야기를 시작하면 한도 끝도 없기 때문에, 여기서는 요점만 말하고 싶다. 모든 사랑은 아프다. 그러니 일단 사랑할 기회가 오면 겁내지 말고 당당하게 사랑부터 하고 보는 게 남는 것이다. 사랑이라는 좋은 에너지를 주고받는 경험

만큼 영혼을 성숙하고 풍성하게 하는 것도 없다는 게 내 생각이다. 특히 나는 내가 사랑을 잘 주지 못해도 미안해하기보다는 고마워하며 그 사랑을 받아들였다. 이기적이지만, 그렇게 해서라도 부족한 내 사랑의 공간을 채워왔다고 생각한다. 그러다 보니 지금은 나도 사랑을 주고받을 수 있을 만큼 풍성해졌다.

사람마다 다 때가 있는 법이니 별로 주는 것 없이 받는다고 너무 미안해하지 말자. 다른 사람이 건네는 사랑의 투자를 넉넉한 마음으로 받을 줄 아는 것도 치유의 지름길이라고 생각한다.

요즘은 직장 일이 바빠서 한동안 잊고 지낸 옛사람들, 옛일들을 떠올리는 지금 이 시간이 참 감사하다. 그래……그래, 지금의 내가 그냥 있는 게 아니구나. 나 혼자 된 게 아니구나. 당신의 치유를 위한 투자를 유치해보라. 의외로 많은 사람들이 당신을 위해 각자가 줄 수 있는 것들을 내어놓을지 모른다.

당신은 그만큼 가치가 있다.

17장

힘과
용기의
차이

영서, 안녕!

글 쓰던 나를 떠나보내기로 했다.

4년이 넘는 시간 동안 《나눔터》를 통해 내 이야기를 타인하고 공유하며 나 잘난 맛에 살았다. 내 글을 잘 읽고 있다는 친구들의 격려를 받고 《나눔터》를 받는 상담소 회원들이 내 글부터 읽는다는 말을 들으면, 왠지 내가 뭔가 잘하고 있다는 생각에 기분이 좋아졌다. 쉽게 잘 읽힌다는 내 글, 그렇지만 나는 이 글을 쓰는 게 참 어렵다. 밤을 새우고, 바쁜 일상의 틈바구니에서 휴가를 내 쓰고, 다듬고, 뽑아낸다.

그런 '내 이야기'를 이제 마무리한다. 글 쓰던 나하고 작별을 준비하며 생각하던 것들을 좀 정리해보기로 했다. 글 쓰던 나를 떠나보내고, 밍밍하고 지루할 수도 있는 30대 후반의 일상을 조금은 게으르고 편안하게 살게 될 것 같다. 100만 원 조금 넘는 월급을 받고, 한 평짜리 옥탑방에 살며, 단독 세대주라는 이유로 아파트 청약조차 되지 않는, 대도시의 평범한 저소득층 비혼 여성의 삶에 충실하려 한다.

이 글은 나로서는 완전 쪽팔린 글이 될 수도 있고, 읽는 사람들에게는 '영서처럼 살기 별거 아니네' 하며 힘이 나는 글일지도 모르겠다 싶다. 힘 빠지고 잘난 맛 없는 '영서'를 만나는 게 별로 마음에 안 든다면 읽지 않는 게 좋을 듯.

영서, 겁먹다

"꾸액 꾸액."

너무도 익숙한 거위 울음소리와 똥 냄새에 잠이 깼다. 온몸이 곤두선다. 왜 내가 여기 있지? 여기는 예전에 살던 그 집이잖아. 거위랑 오리가 울고, 똥 냄새 진하다. 마당에서는 그 사람 목소리까지 들린다. 어떻게 이곳에 다시 들어왔을까, 어디로 도망가나 걱정하다가 잠이 깼다. 깨어났는데 또 어두컴컴한 꿈속이다. 다시 꿈에서 깨어나야 했다. 그렇게 해서 겨우 내 방으로 돌아왔다. 지독하게도 무서워하는 꿈속의 꿈을 꿨다. 15년 가까이 지난 옛집의 기억이 그때 그 집에서 키우던 거위 소리와 똥 냄새로 나를 찾아온 건 처음이다. 아주 생생해서 닭이랑 거위, 오리한

223

테 나던 똥 냄새와 깃털 냄새가 아직도 코를 자극하는 것 같다. 그 사람이 살던 집은 내게 그 사람만큼이나 끔찍하게 무서운 곳, 지워버리고 싶은 곳이다. 그 집은 늘 나를 가둬두기 좋은, 우리 가족들이 아빠라는 사람에게 매를 맞을 때도 비명이 밖으로 새어 나가지 않게 하는, 그 사람만을 위한 성 같은 곳이었다. 평안한 집에서 혼자 생활하면서 느끼는 행복을 깨고 가끔 이런 식으로 옛 기억들이 스멀스멀 기어온다, 아직도.

그런 내가 두려움을 잠시 누르고, 글이 쌓여가는 것을 보며 책을 내고 싶다는 욕심을 냈다. 그런데 출판사하고 이야기를 진행하다 갑자기 그만뒀다. 실명으로 책을 내자니 일상이 염려됐고, 가명을 쓰자니 내 속에서 시비가 붙었다.

'왜? 뭐가 쪽팔려? 왜 가명을 써? 네가 처음 세상에 내놓는 네 책인데, 왜 당당하게 내가 썼다고 말을 못 해? 영서야, 너 네가 당한 일 아직도 쪽팔려 하는 거니?' 내 속에서 거친 전쟁이 벌어졌다. 그러다 다른 핑계로 출판을 접었다. 이것만 해도 벌써 몇 년 전 일이다. 사실 내가 겁이 났는데, 내 남자 친구를 핑계로 삼았다.

내 글 속의 '영서'는 안 그래 보여도, 나는 겁을 먹었다. 내가 쓴 책을 보고 이런저런 말을 쏟아낼 인터넷 속 세상의 사람들, 함께 일하는 동료들, 교회에 함께 다니는 많은 사람들, 지금 살고 있는 집 주인아주머니. 그 사람들이 나를 어떻게 대할지, 어떤 생각을 할지 겁이 났다. 남자 친구 가족들도 내 글을 알게 되면 어떨까, 내 동생들이랑 결혼해 사는 올케들은 어떨까……. 먼 미래의 내 아이들은 어떨까? 엄마가 쓴 책을 보게 된다면, 내 아이 친구들이 보게 된다면……. 상상은 끝이 없었다. 내 주변을 넓게, 좁게, 깊게, 얕게 살펴보며 나는 더욱 겁쟁이가 됐다. 그 사람들이 내게 뭐라고 하지 않아도, 설사 내가 염려하는 식으로 나를 쳐다보거나 말하지 않아도, 나 혼자 그 사람들의 눈빛, 생각, 태도를 곡해해서 받아들이고, 미리 편견을 가지고서 겁을 집어먹은 것일 수도 있다.

예전에 나는 그런 나를 보면서 '겁쟁이'라고 비난했다. 어떻게든 무조건 극복해야만 하는 약한 모습이라고 생각했다. 그래서 더 힘들었는지도 모른다. 그런데 지금은 겁을 먹은 나를 편안하게 놔두고 시간을 좀 가질 생각이다. 이 시간을 통해 내가 먹고 있는 겁을 소화시키든지, 아니면 토해버리든지.

그런데 더 깊이 생각하니 나는 아빠라는 사람이 내 글을 볼까 봐 가장 두렵고 무서운지도 모르겠다는 생각에 다다랐다. 타인의 반응도 두려운데, 거기에 비교도 안 되게 나를 겁먹게 하는 게 바로 그 사람이었다. 내가 처음 집을 나와 외부에 도움을 요청한 사실을 알고는 나를 기절할 때까지 때린 그 사람. 어디 가서 누구에게도 말하지 말라고 하면서 엄마에게 말하면 죽여버린다던 그 사람. 내가 말만 하고 다니는 게 아니라 글로 써서 책을 낸다면, 그 사람은 과연 나를 어떻게 할까? 초등학교 5학년 딸아이의 입을 피가 날 때까지 주먹으로 패가며 막아온 그 비밀이 세상에 폭로된 것을 알면 그 사람은 어떻게 할까? 책이 나오면 그 사람이 나를 찾아내려 하지 않을까? 그건 그냥 어느 날 문득 느껴지는 게 아니라 '꿈속의 꿈'에서 거위 소리와 역겨운 똥 냄새를 타고 나를 찾아온 두려움하고 비슷하다. 외부에서 밀고 들어오는 두려움이 아니라 내 뼛속에서, 살 속에서, 핏속에서 배어 나오는 두려움인 것이다.

그 사람이 여전히 두렵다는 느낌은 나를 슬프고 무기력하게 한다. 그 사람이 내 기억들을 보고 이렇게 물으면 어떻게 하지 싶어 두렵다.

"내가 뭘 어쨌다고 그래? 내가 언제 그랬어?"

나는 너무도 또렷하게 기억하는 것들을 두고 그 사람은 대부분 기억나지 않는다고 할 수도 있고, 정말 기억하지 못할 수도 있다. 아, 재수없어. 이런 건 가해자들이 더 정확히 기억해서, 왜 그런 행동을 했는지, 어떤 의도와 목적을 가지고, 무슨 개념으로 그 짓거리를 했는지 쓰도록 의무로 해도 좋을 것 같은데, 피해를 입은 내가 이걸 써야 한다니, 참.

아무튼 나는 겁을 집어먹고, 책도 못 내고, '내 이야기'를 마무리하는 '영서'를 편안한 마음으로 떠나보내려 한다.

"겁나? 그래 겁나는구나, 겁먹을 만해."

공감해주고, 한참 동안은 내가 '영서' 곁에 있어줄 생각이다.

영서, 낯선 편안함 속으로

볕이 좋은 아침이다. 하늘색이 저런 거구나 싶은, 물감이나 크레파스에는 없는 그런 하늘색으로 가득한 하늘. 이런 날은 밤마다 나를 포근히 감싸주는 이부자리를 내다 넌다. 먼지 앉은 빨랫줄을 깨끗이 닦고, 이부자리를 햇볕에 굽는다. 사실 내 이부자리는 외할머니가 선물로 받은 것이다. 어르신 덮으시라고 최고급 목화솜에 분홍색과 황금색으로 곱게 만든 이부자리를, 외할머니는 당신이 쓰기 아깝다고 내게 줬다. 확실히 내 좁은 옥탑방에 황금색 이부자리는 과분하다. 그래서 볕 좋은 날은 내가 이부자리에게 호사를 시켜준다. 하루 종일 햇볕을 잘 받은 내 이부자리는 햇살 냄새가 가득하다. 목화솜 볕에 익은 고소한 향기 가득한 이부자리에 누우면 구름 위에 있는 것 같다. 이렇게 잘 수 있는 건 정말 축복이다. 지금의 삶은 평안 그 자체다. 아직은 낯선 이 편안함이 마냥 좋다.

언제 또 거위의 울음소리와 똥 냄새가 이 편안함을 깨고 들어올지 모른다. 예전에는 그런 것에 민감했다. 상담을 받으러 가야 했고, 짧게는 며칠, 길게는 몇 달을 괴로워했다. 그런데 이제는 그런 것들이 내 속에 부대끼면 가끔씩 감기가 찾아와서 지나치듯, 담담히 스치고 지나가도록 지켜보고 싶다. 그렇게 낯선 편안함 속에 머물며 익숙해지고 싶다.

영서, 어느 날 '툭' 터지다

전 직장에서 옆자리에 앉은 직장 동료가 신문에 난 성폭력 관련 기사를 보며 한마디 던진다.

"난 이런 사람들이 어떻게 살아갈지 걱정이야."

"어떤 사람들이요?"

"어린이 성폭력 당한 아이들, 도대체 어떻게 살아가게 될지……."

"제가 상담소에서 일했잖아요. 거기서 보니까 적절한 지원만 해주면 잘들 살아요."

남 일 이야기하듯 그렇게 말했지만 속이 불편했다. 서로 남 일이니

편하게 이야기하기 시작했다.

"난 성폭력 중에 어린이 성폭력이 가장 나쁜 거 같아."

"왜, 그런 일도 있다면서. 아빠가 딸을 그렇게 하는 거. 정말 그런 일이 있을까?"

'네, 있어요. 저도 아빠한테 당한걸요. 그런데 보세요. 멀쩡하게 살살고 있잖아요.'

아찔했다. 하마터면 '툭' 하고 터질 뻔했다. 내 머릿속에서만 이 말이 맴돈 것이다.

"있대. 그 뭐야, 어린애들하고만 성관계 맺고 싶어서 그러는 사람들도 있다면서. 그게 뭐더라, 그거 이름이 있는데."

아무 말 안 하고 듣기만 하던 나는 조금씩 심기가 불편해졌다.

"롤리타 콤플렉스? 그거 아저씨들이 어린 여자애랑 그런 거 하고 싶은 거라면서. 징그러워."

"맞아, 그거. 정말 싫어. 애 낳으면 어떻게 키운대. 이제는 성폭력을 예방할 수 있는 것이라고 생각하지 않고, 그냥 일어날 수 있는 일이라고 가정하고 애들을 키워야 한다는 게 더 속상해."

나는 다른 볼일이 있는 것처럼 그 자리를 빠져나왔다. 나하고는 관계없고 별 관심도 없는 것처럼 그렇게.

만약 그때 내 생각이 소리가 돼 나왔다면 어땠을까?

잠시 침묵이 흐르고, 깜짝 놀라고, 아니 그런 심각한 이야기를 왜 저렇게 아무렇지도 않게 하나 싶어 부담스러워할 수도 있다. 아무튼 그런 이상한 분위기를 몇 번 겪어봐서 아는데, 달갑지 않다.

그러나 지금의 시간을 여유롭게 보낸 뒤, 어느 날 내가 '툭' 털어놔도 서로 놀라지 않고 이야기할 수 있게 되기를 바란다. 내 욕심일까? 아무튼 나는 정말 어느 날 자연스럽게 당신 앞에서 '툭' 터놓을 거다. 세상의 많은 '영서'들이 터놓을 수 있게 좀 놀라지 말아줬으면 한다. 그리고 성폭력 당했다고 그 사람들 인생이 끝장난 것은 아니니까 너무 불쌍히 여기지 말아주면 좋겠다. 또 하나, 당신에게 부담주려고 하는 이야기는 아니니까 절대 부담 갖지 마시기를.

영서, 나뿐인 나쁜 놈을 보내다

"누나, 내가 집에서 이야기하는 거 들어본 기억 있어? 나는 집에서 존재하지 않았어. 나는 내가 학교 다녀와서 책가방은 내려놓고 있었는지조차 기억이 나지 않아. 우리 집에는 누나랑 아빠만 존재하는 거 같았어. 누나는 누나만 힘들었다고 생각하지? 다른 가족들은 어땠을 거 같은지 생각 안 해봤지? 그걸 몰랐을 거 같아? 우리는 편했을 거 같냐구."

내가 힘들다고 짜증을 부리니까 늘 들어주기만 하던 남동생이 갑자기 안 하던 속 이야기를 했다.

순간 정신이 번쩍 들었다.

'그랬구나, 그랬구나. 맞아, 그때 다른 가족들 말소리를 들은 기억이 없구나. 그 집구석에는 늘 그 사람하고 나만 있던 것 같아.'

다른 가족들은 가족 1, 2, 3처럼 내 삶에서 존재감이 없었다. 늘 나만 힘든데, 모두 모르쇠로 일관하고 자신의 삶을 편안히 살아가는 것 같았다. 그런 가족들도 나처럼 힘든 삶을 지탱했구나. 그 지옥 같은 집구석에서 나만 힘든 게 아니었구나. 다른 사람들도 '나'처럼 힘든 그 시간을 함께 지나왔다는 것을 깨달은 순간은 처음으로 드는 낯선 느낌이었다. 나혼자만 알고, 나 혼자만 느꼈다고 생각했는데, 동생도, 그리고 다른 가족들도 알고, 느끼고 있었구나…….

이외수의 책에서 봤다. 나뿐인 놈이 나쁜 놈이라는 말. 내가 그런 것 같다. 나만 힘들다고 생각하고, 내가 가장 힘들다고 생각하고, 남들이 힘들다고 하면 이렇게 반문하며 날선 칼을 휘둘렀다.

"내가 이렇게나 많이 힘들었는데, 너 겨우 그 정도 가지고 지금 힘들다고 하는 거야?"

'어디 감히 나보다 힘들다고 지랄이야' 하는 유치한 비교를 했다.

그런데 곰곰 생각하니 내가 가장 힘들다고 생각하게 된 그 고통의 기준은 내가 경험한 것 안에 한정돼 있었다. 내가 한 경험처럼 다른 사람들도 자신이 한 경험 안에서는 자기 삶이 가장 힘들 수도 있다는 생각을 하니, 내 경험의 한계를 넘어서는 고통이나 아픔이 있을지도 모른다는 생각까지 넘어갔다. '영서'를 떠나보내며 나는 내 경험을 넘어서는 아픔이나 고통을 찾아보는 시도를 시작한다. 알면 알수록 '영서'의 아픔을 넘어서는 아픔들을 보게 되고, 단순하게 아픔의 크기와 무게를 비교한 행동이 부끄럽다는 생각도 든다.

소지섭

내 상처에만 빠져 지내던 내가 다른 누군가를 보고 '아프고 힘들겠다' 생각한 첫 경험을 생생하게 기억한다. 그때 나는 너무나 힘든 삶의 무게를 못 이기고 한 달 동안 병가를 내어 깊은 산속 피정의 집으로 숨어들었다. 혼자 밥 먹고, 혼자 기도하고, 혼자 산책하고, '나, 나, 나'에만 집중하던 그때, 그곳에 낯선 타인인 그 아이가 함께 지내러 들어왔다.

대학교 1학년이 된 예쁘장한 그 아이는 뼈만 앙상하게 남은 말기 암 환자였다. 앞으로 3~6개월 살 수 있다는 시한부 판정을 받고 병원을 나와 피정의 집으로 온 것이다. 그런데 그 아이는 살아 있는 한 최대한 재미있게 살겠다는 태도로 자기가 먹지 못할 수도 있는 푸성귀를 키우는 밭에서 일을 거들었고, 드라마를 볼 때는 낄낄거리며 웃기도 했다. 맛있는 음식을 나보다 더 잘 먹는 것도 같았다. 물론 아파서 엄마에게 투정을 부릴 때도 있었지만, 밝고 명랑하게 잘 지냈다.

하루는 그 아이랑 텔레비전을 보고 있었다. 그 아이는 그때 시상식에서 상을 받는 소지섭이라는 배우를 무척 좋아했다.

"언니, 소지섭 너무 멋있죠? 아, 저 사람 한번 봤으면 좋겠다."

"정말? 그럼 한번 만나게 해줄까?"

"네? 네. 언니, 정말 보고 싶어요. 그럼 죽어도 소원이 없겠어요."

나는 내가 왜 그런 말을 했는지 도무지 이해가 되지 않았다. 그냥 그 아이에게 뭔가 해주고 싶을 뿐이었다. 죽음을 앞둔 사람이 '죽어도 소원이 없겠다'는 말을 저렇게 쉽게 할까 싶었다. 아무튼 죽음을 앞둔 아이의 죽기 전 소원을 들어줘야 했다.

구청에서 공익 근무 요원으로 일하던 배우 소지섭에게 무작정 편지를 썼다. 사무실에 굴러다니던 규격 봉투와 편지지에. 예쁜 팬레터들 사이에서 튀기 위한 나만의 전략이었다.

편지 내용은 간단했다.

'소지섭 씨, 제 친한 동생이 죽음을 앞두고 있습니다. 그런데 소지섭 씨를 한번 만나보고 싶다고 하네요. 밥 한번 먹었으면 합니다. 그런데 먹기 싫을 수도 있을 것 같습니다. 저도 낯선 사람이랑 밥 먹는 걸 별로 좋아하지는 않거든요. 만나주시든 아니든 연락을 주시면 좋겠습니다. 동생이 제 연락을 기다리고 있거든요.' 쓰다가 틀리면 찍찍 긋고, 조금 민망한 짧은 편지를 써서 보냈다. 며칠 뒤 모르는 번호로 전화가 왔다. 매니저였고, 소지섭이 만나서 저녁을 함께 먹었으면 한다는 연락이었다.

함께 저녁을 먹던 날, 후배 어머니는 무척 고마워했다. 죽음을 앞둔 딸에게 좋은 기억을 선물해줬다면서. 마음 한구석이 짠했다. '나보다 더 힘들겠다. 이 아이도, 어머님도……'라는 생각에 나는 잠깐이지만 나를 잊을 수 있었다.

저녁을 먹으러 가서 후배는 소지섭이랑 사진을 함께 찍고, 밥을 먹고, 이런저런 이야기를 나누면서 죽음의 무게도 내리누를 수 없는 기쁜 시간을 보냈다. 나도 덩달아 기분이 좋았다. 그 아이가 좋아하는 모습을 보는 것만으로 내가 기뻐할 수 있다는 게 신기하기만 했다. 타인의 아픔을 조금이라도 덜어주고 싶은 마음 때문에 한 작은 행동이 이런 꿈같은 일을 가능하게 하다니.

소지섭 배우는 이렇게 말했다.

"근데, 어쩜 그렇게 애절하지도 않고, 구구절절하지도 않게 편지를 썼나요? 사실 저한테 이런 편지들이 많이 오거든요. 그런데 그런 편지들은 정말 애절하죠. 그런데 어쩌면 이렇게 업무적인가 싶었어요. 이 편지는 보고 '진짜구나' 싶어서 만나기로 한 거예요."

내가 아니라 타인의 아픔을 조금이나마 덜어주려 한 진심이 전해졌구나 싶어 참 기분 좋았다.

몇 달 뒤 그 아이 장례식에서 어머님은 그때 일을 또 이야기했다.

"우리 애가 그날 일을 얼마나 좋아했는지 알아요? 두고두고 얘기했어요. 정말 고마워요."

나뿐인 나쁜 놈을 벗으면 꿈같은 좋은 일도 경험하게 되는 것 같다.

내 글에, 내 상처에만 집중하던 나를 떠나보내며, 그동안 함께 해준 그대들에게 〈힘과 용기의 차이〉를 선물하고 싶다.

힘과 용기의 차이
데이비드 그리피스

강해지기 위해서는 힘이 필요하고
부드러워지기 위해서는 용기가 필요하다.

자신을 방어하기 위해서는 힘이
방어 자세를 버리기 위해서는 용기가

이기기 위해서는 힘이
져주기 위해서는 용기가

확신을 갖기 위해서는 힘이 필요하고
의문을 갖기 위해서는 용기가 필요하다.

조화를 이루기 위해서는 힘이
전체의 뜻에 따르지 않기 위해서는 용기가

다른 사람의 고통을 느끼기 위해서는 힘이
자신의 고통을 마주하기 위해서는 용기가 필요하다.

자신의 감정을 숨기기 위해서는 힘이 필요하고
그것을 표현하기 위해서는 용기가 필요하다.

학대를 견디기 위해서는 힘이 필요하고
그것을 중단시키기 위해서는 용기가 필요하다.

홀로서기 위해서는 힘이 필요하고
누군가에게 기대기 위해서는 용기가 필요하다.

사랑하기 위해서는 힘이
사랑받기 위해서는 용기가

생존하기 위해서는 힘이
삶을 살기 위해서는 용기가 필요하다.

영서, 이제 '용기'를 내기 위해 떠난다.

여행길에 만난 용서

"아빠한테 당하고 왜 나한테 지랄이야?"

아빠한테 당해서 지랄한다. 그래, 아빠한테 당한 그 독이 아직 덜 빠져서 지랄한다. 그래도 이건 아니잖아.

"잘 자랐다. 너를 사랑하는 게 내 인생의 소명 같다."

이런 말을 한 남자 친구가 끔찍한 명대사를 남기고 떠났다.

그래, 나 고슴도치라 가시질 좀 했다. 이번 막말은 정말 아니다. 평생 내 가슴에 깊이 박혀 아무 때나 불쑥불쑥 내 가슴을 찔러댔다. 버스를 타고 가다가도, 길을 걷다가도, 밥을 먹다가도, 그 말이 떠오르면 눈물이 흘렀다. 사람이 화가 나면 무슨 말을 못하겠나 싶지만, 이 말은 정말 아니다. 정말. 나 아빠한테 성폭력 당한 거 숨기고 만난 것도 아니고, 감당할 수 있겠냐 물었다. 물론 그렇다고 내가 사랑하는 사람한테 상처 줄 수 있는 면죄부를 받는 것은 아니다. 부족한 내 사랑이지만, 나는 진심으로 최선을 다했다. 모든 면에서 좋은 조건이 없는 나를 사랑해주는 게 고마워서 더 잘하고 싶었다. 그런데 이렇게 또 사랑이 끝이 났다. 책 마무리가 코앞이었는데, 사랑하던 사람이 떠난 뒤에는 한 글자도 더 쓸 수 없었다.

아빠한테 당한 그 기억들이 나를 괴롭힐 때면 나도 내가 무섭다. 그 래도 '너 때문에 힘든 거 분명히 있었어. 근데 인정! 너 때문에 힘든 거에 아빠에게 짜증난 거 보탰어. 그러면 안 되는 거였어. 다음 사랑을 만나면 그러면 안 되겠다'는 깊은 교훈을 남겼다. 그럼 됐다. 뭐 어차피 그쪽 부 모님은 내가 나이 많다는 이유 하나만으로도 마음에 안 들어 했는데, 차 라리 잘 됐다. 나중에 이 책이라도 보내드리고 싶다. "잘 피해 가셨어요." 이렇게 인사라도 드리고 싶다. 그래, 지금 나 꼬였다. 지쳤다.

사랑이 지나간 자리를 '멍때리기'로 채웠다. 꾸준히 하던 책 읽기도 글쓰기도 멈췄다. '한 번도 상처받지 않은 것처럼'이라는 모토로 큰마음 먹고 시작한 사랑이었는데, 또 상처로 남았다. 지금껏 내가 해온 어떤 사 랑보다 인내하고 사랑하려 노력했는데, 주로 받기만 하던 사랑에서 처음 으로 나도 줄 것이 있다 생각한 사랑인데. 몸이 여기저기 아파왔다. 물도 밥도 맛을 잃고, 내가 사는 옥탑은 감옥의 독방이다. 하루 중 가장 좋아 하는 잠자리에 눕는 시간도, 씻으러 화장실에 쪼그려 앉은 때도 눈물이 왈칵 터진다. 그냥 '악!' 소리를 지르기도 했다. 이러지 않았는데, 물 한 모금도 달고 맛있었는데. 좁아도 햇빛 잘 들고 네모반듯한 옥탑방이 감 사했다. 그런데 사랑이 끝나자 모두 맛이 없어졌다. 내 재미있는 일터도 쉬어 빠진 김치처럼 지겹다. 잘 먹고, 잘 자고, 잘 살아보려 노력하면 뭐

하나 싶다. 사랑 하나 제대로 못하는데. '아, 나한테 정상적인 아빠만 있었어도 인생 이렇게 힘들게 안 살았을 텐데. 아빠 하나 잘못 만나서 인생 참 힘들다. 죽어라, 아빠야.' 고질적인 원망병이 도지려 한다. 아니다. 그걸로 네 문제 해결 못 해. 좀 쉬자. 영서야.

'쉬기'라는 결론에 이른 나는 회사에 휴직을 신청했다.

1년, 12개월, 365일이라는 자유 시간이 내 앞에 놓였다. 돈을 포기하니 시간이 생겼다. 일단 일상의 쳇바퀴에서 몸을 뺐다. 알람 없이 잠을 자고, 먹고 싶은 것도 몸매 생각 안 하고 다 챙겨 먹었다. 드라마든 영화든 보고 싶은 건 다 찾아봤다. 만나고 싶은 친구들도 싹 다 만났다. 좋아하는 수영도 시작했다. 도와달라는 친구들의 부름에 할 수 있으면 다 찾아가 힘 쓰는 일을 했다. 하루 종일 좋아하는 카페에 앉아 책도 보고, 멍도 때렸다. 조그만 책방에서 책방 아가씨가 돼 아르바이트도 하고, 어린이들을 챙기는 돌봄 교사로 일하기도 했다. 직장을 다니면서 할 수 없는 일들 중 내가 하고 싶은 것을 다 찾아 해봤다. 그래도 사랑이 떠난 자리는 휑했다. 가끔 지병처럼 끓어오르는 아픔은 가슴을 미어지게 했고, 아빠인지 헤어진 남자 친구인지 대상이 구분도 안 되는 '나쁜 놈'이라는 말을 한숨처럼 내뱉었다. 헤어진 사람이 미운데 이상하게 보고 싶고, 내가 잘못한 것만 생각나서 울기도 많이 울었다.

"그때 이러지 말았어야 했어."

혼잣말도 백만 번은 한 것 같다. 아, 벗어나고 싶다. 벗어버리고 싶다. 후회도, 미움도. 여유로운 듯했지만, 새로운 생활이 쳇바퀴가 돼가자

다시 힘들다고 느끼는 시간이 찾아왔다. 그때부터 나는 주섬주섬 여행 계획을 세웠다.

떠나야겠다, 그냥 나를 아는 사람 하나 없는 곳으로.

비행기 티켓을 끊었다. 몇 달 동안은 한국을 떠나 있을 수 있겠다. 돈만 더 있어두 1년 내내 떠돌아다니는 건데. 결혼 자금으로 묶어눈 적금을 모조리 깼다. 여비는 여전히 모자랐지만, 친구들은 내 여행에 돈 봉투를 안겨주며 '쉼'을 선물해줬다.

"아주 드라마를 찍어라."

놀리는 친구도 있었지만 드라마 찍는 셈치고, 공항 출국장에 들어서기 전 뒤도 돌아봤다. 혹시 내가 떠나는 뒷모습을 몰래 와서 보는 사람이 있을까 하는 상상에, 피식 웃음이 나왔다. 아무도 없다. 그럼 그렇지.

비행기를 타고 몇 시간 뒤 다음 비행기로 갈아타려고 홍콩 공항에 도착했다. 차가운 에어컨 바람 가득한 공항 긴 의자에 누워 잠을 청했다. 잠이 안 온다. '어? 이상하다. 아픈 마음은 아직 한국에서 나를 따라오지 못했나?' 아프고 곧잘 눈물이 주르륵 흐르던 내게서 눈물이 사라졌다. 마음속 콕콕 찌르는 뭔가가 있었는데 그게 느껴지지 않았다. 일어나 공항 곳곳을 돌아다녔다. 홍콩의 쏩쓸한 커피 맛이 느껴졌고, 생수 한 모금도 단맛을 찾았다. 한쪽 모퉁이에 자리를 펴고 기도하는 무슬림들의 이색적인 모습을 구경하고, 똑같은 색과 디자인의 옷을 입은 상큼한 신혼부부들에게는 부러운 눈길도 날려줬다. 재미있다. 공항의 에어컨 바람에 코끝은 시리고, 몸은 춥다. 더운 여름 추위를 느끼는 것도 괜히 신이 났다. 내 몸이 살아나는 것 같아 좋다. 푹 꺼지고, 질질 짜고, 죽어가는 것 같던 내가, 뭔가 잘 느껴지지 않던 몸이, 조금씩 살아나는 것 같다. 떠나오기를 잘했다.

목적지인 오스트레일리아에 도착했다. 서울은 여름이라 푹푹 찔 텐데, 이곳은 쌀쌀한 겨울이다. 갑자기 시간이 지난 것 같은 착각이 들었다. 시간이 약이라는데 비행기라는 타임머신을 타고 6개월을 건너온 듯하다. 몸을 따라오지 못한 마음 때문인지 아파하던 것이 기억나지 않는다. 시드니 오페라하우스 앞에서 사진도 찍고, 호텔방에 드러누워 잠도 실컷 잤다. 그곳에서 만난 외국인 친구들은 먹을 것을 나눠주고, 어디 아프냐며 걱정도 해줬다. 이른 저녁부터 잠들어 있으면 알아서 소곤소곤 이야기 나누고 불도 꺼줬다. 고마웠다. 다른 문화에서 잠시 만나는 인연이지만, 서로 걱정해주고 위해주는 게 좋았다.

그래, 서울 뜨기를 참 잘했다. 마음도 몸도 얼굴도 말해주고 있다. 과감하게 적금을 깨지 못했다면, 친구들이 한 푼 두 푼 보태주지 않았다면, 이 기분 맛볼 수 없었겠지. 행복하다.

★

내 옥탑방, 서울에 있었으면 느끼지 못할 이 새로운 기분을 뭐라 말해야 할지 모르겠다. 여행만큼 '색다른 여유로움'을 누리게 해주는 게 또 있을까? 사랑이 끝나면 죽을 것 같았는데 '괜찮네' 싶은 느낌, 좋다. 사랑만 힘들겠나. 매일 반복되는 일상도 힘들고 지칠 수 있다. 공부하다 지칠 수 있고, 그냥 지루해서 지칠 수도 있다. 여행이라는 게 꼭 물리적 여행이 아닐 수도 있다. 여행하는 심정으로 새로운 공부를 하거나 새로운 사람을 만나고, 새로운 일을 시작할 수도 있겠다. 지금까지 주저하며 해보지 않은 운동이나 취미 생활에 도전할 수도 있고. 아무튼 낯선 경험, 내가 모르는 신선함 속으로 나를 던져보는 용기가 필요한 것 같다. 그러면 내가 전혀 상상하지 못한 색다른 여유로움을 누리게 될 수 있다.

무작정 뛰어들 수도 있겠지만, 낯선 곳으로 여행을 준비할 때 나는 나름대로 돌다리 두드리기를 열심히, 꼼꼼히 했다. 어차피 인생 누가 대신 살아주지도 않고 책임져주지도 않으니, 나 스스로 치밀하게 나를 위한 맞춤 계획을 세우고 실행에 옮겨야 시행착오를 덜 겪을 것 같았다. 시행착오를 겪어도 꼭 나쁜 것은 아니라고 생각하지만, 아무튼 나를 끝까지 책임져주고 위해줄 수 있는 사람은 나 자신이니까, 나 자신을 끝까지 데리고 살 내가 하고 싶은 대로 하는 게 좋다. 이건 어디까지나 내 생각이다. 당신만의 여행이라는 새로운 개념도 세워보고 시도도 해보면 새로운 자신을 만나게 될 것이다.

★

하늘이 이쪽 땅끝에서 시작해 저쪽 땅끝에서 끝나는 나라 오스트레일리아에서 팔뚝 크기 도마뱀 친구도 만났다. 아침이면 '나 정글에 있어?' 착각할 정도로 요란한 새소리에 눈을 떴다. 집 앞 너른 풀밭에는 토끼랑 캥거루가 풀을 뜯으며 뛰어다녔다. 매일 하루에 한 시간 정도는 백발 할머니 할아버지들을 따라 여유로운 산책길도 걸으려 했다. 어느 날은 산책길에 만난 검정말 탄 아가씨를 마냥 부러워하기도 했다. 마약 주사기를 버리는 쓰레기통을 정갈하게 놓아둔 맥도날드 화장실에서 느낀 생소함은 한동안 잊을 수 없었다. 마약 중독자들은 사거리에 서서 자동차 창문을 닦아주고 한푼 달라고 하기도 한다. 비혼 여성이 아이를 낳아 혼자 키우며 성가대에서 노래를 부르기도 한다. 온몸에 문신 자국이 있는 신앙심 좋은 백인 아저씨도 만났다. 한국에서는 상상도 할 수 없는 일들이 이곳에서는 일상다반사다. 내가 경험하고 아는 게 전부가 아니다. 내 나라에서 배운 방식으로 묶인 매듭들의 어딘가가 스르르 풀리고, 그곳에서 경험하는 다양한 생경함이 내 깜냥을 넓혀줬다.

하루는 파란 눈 할아버지 선교사가 칠십 평생 살아온 이야기를 들려줬다. 온화하고 부드러운 눈빛으로, 무슨 말을 해도 손 꼭 잡고 이야기를 들어주는 따뜻한 할아버지였다. 하루는 할아버지네 가족 이야기를 들려줬다. 너무 뜬금없이 어느 날 툭 하고 터진 할아버지의 이야기. 엄마에게 맞아서 팔이 부러지고, 지속적으로 성폭력을 당했다는 그 할아버지. 그 모든 상황을 알면서도 아무런 도움을 주지 않은, 무기력한 할아버지의 아빠. 그 상황을 벗어나려고 대학에 가자마자 독립을 했고, 결혼을 했다고. 그분은 너무도 담담하게 이야기했다. 할아버지는 더는 자기 상처가 자신을 부끄럽게 할 수 없다고 했다. 오랜 시간이 걸렸고, 엄마가 세상을 떠날 때까지 잘 안 됐지만 지금은 용서를 했고, 그러고 나니 마음이 편하고 자유롭다고 했다. 쳇.

'반응하지 마. 네 얘기 하지 마. 너 절대 티 내지 마. 왜 저런 이야기를 하는 거지? 난 왜 이런 이야기를 듣게 되는 걸까? 저 할아버지는 안 부끄러운가? 잠깐 만나는 젊은 동양인에게 왜 저런 이야기를 거리낌없이 하는 거야?'

할아버지 이야기를 들으며 내 속에서 뭔가 '훅' 하고 올라오려 했지만, 눌렀다. 살짝 목 뒤가 뜨뜻하고, 등 뒤로 식은땀이 흘렀다. 티 내지 않으려 기를 쓰던 나는 '나 왜 이러지?' 싶어 궁금했다. 그래, 내가 살아온 문화에서는 그랬지. 이런 이야기는 '아무에게나' 할 수 있는 게 아니지. 의식적으로 책 읽고 공부하며 내 것으로 삼지 않으려 노력한 수치심, 여전히 꼭 붙어 있구나. 멀었구나. 안 될까? 내 상처에 관한 수치심을 이제 떠나보낼 수 있을까? 정말 저 할아버지처럼 용서도 하고 자유로워질 수 있을까? 그분은 자신의 상처를 나누며 다른 사람의 상처를 듣고, 함께 울어주고, 같이 기도하며 전세계를 다니는 사람이었다. 얼마 뒤 나는 할아버지를 만나 내 상처 이야기를 나눴다. 할아버지는 내 어깨에 손을 얹고 기도를 해줬다. 단단해진 내 마음에 예수님의 사랑이 장대비가 아니라 보슬비로 천천히 내려서 나를 보드랍게 해주기를 바란다고. 사랑으로 촉촉하고 부드러워진 땅에서 나무들이 자라고 꽃이 피어 아름다운 마음의 정원을 갖게 되기를 바란다고.

그래, 나도 정말 그러고 싶다.

　몇 주가 지나 한국인 중년 목사의 강의를 들었다. 내가 딱 싫어하는 부류의 교집합 중 교집합, 중년 남자에 목사. 관계에 관한 강의를 했다. 어릴 적 부모하고 맺는 관계에서 시작돼 사람은 인간관계를 학습하게 된다는 좀 진부한 내용의 강의. 며칠이 지나 자기 이야기를 안 하게 생긴 그분이 어릴 적 상처를 텄다. 소년일 때 가게 주인에게 성폭력을 당했다는, 아저씨로서는 나름대로 터놓기 어려운 이야기였다. 어린 시절 자기가 어쩔 수 없는 경험이었고, 그 일로 갖게 된 수치심이 오래갔다는 힘겨운 내용이었다. 또 그 경험 때문에 겪은 인간관계의 어려움도. 오랜 시간이 지난 지금도 여전히 어려움이 있기는 하지만 조금씩, 아주 조금씩 좋아지고 있다고 했다. 그 사람은 어릴 적 가게 주인에게 품은 미움에서 자신을 자유롭게 해준 용서에 관해서도 말했다. 그 이야기를 듣던 나는 또 '티 내지 않기'에 열을 올리고 있었다. 엷어지고 있다고 착각한 수치심과 분노가 고개를 들고 말했다.

　"넌 나를 벗어날 수 없어. 넌 나랑 평생 가야 해."

　'난 괜찮다. 내 잘못이 아니다. 난 이제 부끄럽지 않다. 용서는 시간이 흐르면 언젠가 될 거다. 난 이제 괜찮다. 괜찮다. 뭐 평생 너희들이랑 함께 가도 괜찮을 거다.' 속으로 고함을 쳐도 소용이 없다. 끈질기다, 이것들. 지겹다. 이제 이것들이랑 이별하고 싶다.

　두 달쯤 돼 낯선 것들에 익숙해질 즈음 아침 일찍 외출 준비를 서두르고 있었다. '얼른 나가야지. 문은 꼭 잠그고 가야 하고, 빨리, 빨리'를 중얼거리던 나는 안에서 잠금 장치를 잠근 채 문 손잡이를 돌렸다. 얼른 나가서 문을 잠가야 한다는 생각이 앞서거니 뒤서거니 하다 순서가 꼬인 것이다. 문이 열리지 않았다. 문은 꿈쩍도 안 했다. 밖으로 나갈 수 없었다. 이 상태로는 밖으로 나갈 수 없다.

짧은 한숨을 내쉬고 바닥에 주저앉았다. 나, 내 안에 잠그고 있는 것을 풀어야 문을 열고 밖으로 나갈 수 있는 걸까? 나는 속삭였다.

"네, 용서하겠어요. 네, 아빠부터 용서할게요. 잠그고 있던 거 풀게요. 나도 이제 문 열고 나가야겠어요."

문밖에서 어서 서두르라고 친구가 재촉했지만 주저앉아 넋을 놓고 중얼거렸다.

그 뒤로 한 달을 걸려 쓰고 고치기를 반복하며 아빠에게 편지를 썼다. '용서합니다' 한마디로 될 수 있는 것이 아니었다. 언제, 어떤 기억, 상처, 어떤 행동을 용서하는지 하나씩 기록했다. 기록할 뿐 아니라 기억하고 느끼면서, 그 일을 용서할 수 있는지 내게 물어보며 시간을 줬다. 쓰다가 멈춰서 기도하며 용서할 수 있게 도와달라고 울기도 했다. 어떤 날은 오랜 시간 멈추기도 하고, 쉽게 지나갈 때도 있었다. 그렇게 태어나서 처음이자 마지막일지 모를, 아빠에게 보내는 편지를 마무리했다. 국제우편으로 편지를 보내 한국에서 내 안전을 지키는 것도 잊지 않았다.

새로운 문이 열리고 있다. 그래, 이제 정말 새로운 문이 열리고 있다. 익숙해진 이곳을 떠나 다음 여행지로 출발하려고 짐을 꾸리고 잠자리에 들었다. 새로운 곳으로 떠나기 전날 밤이었다.

"다 이리 모여봐요. 여기 식탁에 좀 다 앉아봐요."

아빠, 오빠, 남동생들이 식탁에 둘러앉았다.

"나, 이제 이 집구석에서 더는 성폭력 당하면서 안 살 거야. 나 이제 나갈 거예요. 짐 싸서 나갈 거예요. 이 집구석에서 나가려고요."

나는 주먹을 움켜쥐고 책상을 탕탕 내리쳤다.

아빠 얼굴이 붉으락푸르락하더니 자리에서 벌떡 일어났다. 오빠가 아빠를 자리에 붙잡아 앉혔다. 나는 신발장을 열어 어그 부츠를 챙겨 집을 나왔다.

눈을 뜨니 꿈이었다. 너무 생생했다. 꿈이기는 했지만 가족들에게 내 입으로 '성폭력'이라는 단어를 써서 내 문제를 말해본 것은 처음이었다. 시원했다. 나 이제 정말 집에서 나오나 보다. 정말 그 성폭력 집구석에서 나오나 보다. 그것에서 진짜 벗어나나 봐. 물리적으로는 집을 벗어났지만 여전히 '성폭력' 아빠 때문에 내가 이 모양 이 꼴로 힘들게 산다고 한탄하고, 심정적으로는 집구석에 묶여 살았나 보다. 그 꿈 참 시원하다. 신기하게도 내 꿈을 모르는 친구가 그날 밤 12시를 넘기기 전 내가 신으면 좋겠다며 어그 부츠를 선물했다. 이제 정말 수치심과 분노를 벗어버리고 자유로워질 테다! 나는 그 어그 부츠가 잠긴 문을 열고 성폭력 집구석에서 완전히 벗어나게 해줄 첫걸음, 마중물 같아 마음에 쏙 들었다.

새 신을 신고 뛰어보자 폴짝, 머리가 하늘까지 닿겠네. 진짜 날아갈 것 같다.

1년의 휴식을 마치고, 일터에 복직했다. 어떤 분이 한마디한다.

"1년 쉬고 돌아오면 달라질 줄 알았는데 1년 전하고 똑같네. 영서 씨는 고생 안 한 티가 너무 나다."

속웃음이 났다. 예전 같으면 짜증이 났을 거다. '나에 관해 하나도 모르면서 왜 저런데, 뭐라는 거야.' 그런데 지금은 화가 나지 않는다.

아마 내 속에서 말하던 '나에 관해 하나도 모르는' 그 무엇, 그 사건에 관한 수치심과 분노가 풀어지고 있기 때문이 아닐까. '모를 수도 있지. 모르는데 어떻게 해. 아빠한테 화난 것도 풀었는데, 그걸 모르는 사람한테 화낼 게 뭐야?' 싶다.

내가 뭔가 잘못한 듯 간직하던 비밀, 그런 부당한 느낌을 갖게 한 아빠라는 사람의 짓거리들을 용서하고 나니 아무것도 더는 나를 그 속에 가둬두지 못했다.

나, 이제 정말 문을 열고 나간다.

아빠에게 보낸 편지

아빠, 참 오래간만에 불러봅니다. 그래서인지 참 낯서네요.

예, 아빠의 하나밖에 없는 딸 영서입니다.

저는 지금 오스트레일리아에 여행을 왔습니다.

집을 나온 뒤 저는 예수님의 딸로, 친구로 보호와 돌봄 속에서 안전하게 잘 지내왔습니다.

아빠가 제 아빠여서 예수님에 관해서도 많은 오해와 안 좋은 감정들이 있었지만, 예수님은 오랜 시간 저를 따뜻하게 사랑해주며 제 마음의 분노와 아빠를 향한 미움을 풀어냈습니다.

예, 저는 아빠가 참 밉고, 싫었습니다.

아빠가 엄마와 오빠, 동생들에게 쏟아내는 폭력, 폭언, 그리고 저에게 행한 성폭력 모두 다 싫었습니다. 진짜 아빠라면 그래서는 안 되는 행동들을 계속 일삼은 아빠가 너무 무섭고, 싫었고, 그런 아빠를 나와 가족들에게 허락한 예수님이 많이도 원망스러웠습니다.

그렇지만 예수님은 아빠가 가족들과 제게 그렇게 악하게 행동하는 것을 원하지 않았습니다. 저는 그날을 아주 정확하게 기억합니다. 교회 십자가가 아무런 바람도 불지 않던 날 쓰러진 것을. 저는 그날 예수님에게 확답을 받은 것 같았습니다. '예수님은 이제 이 악한 상황을 더는 참지 않겠구나' 하고 말입니다.

결국 예수님은 제 탈출을 도왔고, 아빠를 우리 가족들에게서 떼어 냈습니다. 폭력에 길들여진 아픈 엄마도, 어릴 적부터 자기 자식이 아니라는 말에 사로잡혀 자신감은커녕 자기 자신을 향한 애정조차 갖기 힘들어하는 오빠도, 집에서 벌어지는 폭력적인 상황이 무서워 아무런 말도 안 하고 존재하지 않는 것처럼 살아온 셋째도, 폭력적인 아빠 때문에 엄마 품에서 자라야 하는 어린 시절을 잃어버린 막내도. 예수님은 모두 불쌍히 여겼습니다.

그리고 초등학교 5학년 여름 방학부터 대학교 1학년 여름 방학까지 아빠에게 성폭력 당한 저를 예수님은 참 불쌍히 여겼습니다.

아빠도 나름의 상처가 있어서 그렇게 행동하게 됐겠죠. 그러나 상처가 있다고 해서 가족들을 폭행하거나 상처를 줘도 되는 것은 아닙니다.

그래서 예수님은 제 기도를 들어줬나 봅니다. 저는 사실 아빠가 목사로 지낸 교회에서 100일 기도를 할 때 계속해서 '예수님 이 악한 상황을 바꿔주세요. 저를 구해주세요'라고 기도했습니다. 그렇게 100일 기도를 17번을 했습니다. 1700일을 기도한 것이지요. 생각나는 대로, 아빠에게 당할 때마다 기도하고 또 기도했습니다. 예수님은 기도에 신실하게 응답했고, 가족들과 저를 구해줬습니다.

저는 이제 아빠를 미워하던 것을 그만두려 합니다.

예수님의 사랑을 받고, 용서받은 자로서 아빠를 용서합니다.

아빠가 성폭력 한 것을 용서합니다. 어린 나이에 성폭력으로 임신하게 하고, 낙태까지 경험하게 한 것을 용서합니다. 수능 전날 밤 호텔에서 성폭력 하려다 말을 안 듣는다고 밤새 때린 것을 용서합니다. 강제로 행한 온갖 더러운 짓거리들, 그 짓들로 나를 상처 입힌 것을 용서합니다. 하루는 기절할 때까지 나를 때리고, 머리채를 잡고 질질 끌고 다니고, 얼굴을 알아볼 수 없을 정도로 때린 뒤 다음날 주민등록증 사진을 찍게 한 것을 용서합니다. 밤에 으슥한 산길에 차를 대놓고, 그곳에서 성폭력 한 것을 용서합니다. 내가 기침감기가 심하게 걸려 계속해서 기침이 나오는데 그 짓거리 하겠다며 내 위에 올라타서는 계속 기침한다고 주먹으로 내 얼굴과 가슴을 내리치던 것을 용서합니다. 그 밖에도 참 많은 기억들이 있습니다. 그것을 풀어내려고 한 자 한 자 쓴 것이 이 책으로 묶였습니다. 이제 곧 책이 세상에 나옵니다. 그 책을 통해서라도 아빠가 알게 되면 좋겠습니다. 아빠가 제게 상처 준 것이 무엇인지, 제가 얼마나 아프고 힘들었는지 분명하게 알아주면 좋겠습니다.

그러나 이제 저는 아빠를 용서하고, 자유로워지고 싶습니다.

오랜 시간 아빠라는 존재가 너무 싫고, 죽어버렸으면 좋겠다는 생각을 계속 했습니다. 그런데 지금 저는 예수님을 온전히 신뢰하면서 아빠를 예수님에게 맡기기로 했습니다. 예수님은 제게 말씀하시는 것 같습니다. "네 아빠를 내게 던져놓으렴. 네가 미워하지도 말고, 원수 갚으려고도 하지 말고, 그냥 나에게 맡겨두렴." 또한 원수를 사랑히라고 하십니다. 그래서 저는 예수님을 믿고, 아빠를 용서하고, 아빠를 예수님에게 맡깁니다. 제가 감당할 수 없는 것이라서요.

아빠, 저는 아빠가 손목을 그어가며 혈서를 써서 찾아온 그 어린 아기였습니다. 그때 저를 데려오면서 '그래, 이 딸이 크면 성폭력 해야지!'라고 조금이라도 생각하셨나요? 아니겠죠? 아니라고 저는 믿고 싶습니다.

아빠, 제가 아빠에게 진심으로 바란 것은 다른 아이들처럼 '진짜 평범한 아빠의 사랑'을 받아보는 것이었습니다.

아빠가 제게 저지른 그 몹쓸 짓을 다른 사람이 제게 하려 하면 저를 지켜주고, 보호해주고, 목숨을 걸고라도 어린 딸을 지켜주는 그런 아빠를 바랐습니다. 딸이 공부를 잘하면 칭찬해주고, 영어 말하기 대회에 나가게 됐다고 하면 그 길을 막아서지 않고 잘 준비해서 대회에 나가게 해주는 보통의 아빠를 원했지요. 학교에서 전교 부회장 선거에 출마하면 내 딸 장하다고, 잘해보라고 격려해주고 대견하게 생각해주는 그런 진짜 아빠 말입니다.

그리고 딸이 참으로 사랑하고 사랑받는 결혼을 하게 되기를 기도해주고, 좋은 신랑감을 만나면 축복해주고, '내 딸에게 잘해주게'라고 말해주는 좋은 장인이 돼줄 수 있는 아빠도 바랐습니다.

그런데 아빠는 제게 이런 말을 했죠?

"너는 외국에 나가서 내 애나 낳고, 혼자 살아. 너는 이제 내가 이렇게 해놔서 누구랑 결혼도 못해."

그 저주의 말이 저를 참 오랜 시간 괴롭혔습니다. 그렇지만 이제는 그 저주에 묶여서 살지 않을 겁니다. 좋은 사람 만나면 결혼해서 가정을 꾸리고, 오순도순 살 겁니다. 아빠가 틀렸습니다.

아빠, 저는 이제 예수님의 사랑을 입은 사람입니다.

그래서 그 사랑에 힘입어 아빠를 용서합니다.

그렇지만 아빠를 만나는 일은 전혀 고려하지 않고 있습니다.

아빠. 18년 만에 불러봅니다. 건강하세요.

아빠의 하나뿐에 없는 딸 영서 올림.

빚이 돼준 분들에게 한마디!

처음 집을 나와 퀭한 눈으로 찾아가 울던 저를 포근히 맞아준 와이엠시에이 청소년쉼터 선생님들과 그곳에서 만난 가출 청소년 친구들, 그대들 덕분에 세상은 안전하다 느낄 수 있었습니다. 고맙습니다.

한국성폭력상담소에서 만난 친구들, 당신들은 제게 성폭력은 내가 부끄러워할 문제가 아니라는 것을 마음과 귀에 못이 박히도록 들려줬습니다. 그 공을 깊이 인정하고, 칭찬합니다. 그 말이 제 치유의 좋은 출발점이 됐어요. 고맙습니다.

내 상처를 듣고 울고, 웃으며 함께한 믿음의 친구들. 그대들 이름 하나하나 쓰지 못하는 아쉬움이 큽니다. 그래도 아시죠? 제 마음. 당신들은 제게 세상은 살아볼 만하고, 저는 참 인복이 많다는 사실을 체험으로 알게 해준 소중한 사람들입니다. 고맙습니다.

글쓰기를 시작하며 힘들어할 때 저를 인터뷰하고, 녹취를 풀어가며 표현력을 키워주고, 상처 기억하기를 도와준 안미선 선생님, 제 글에 뼈대를 세워줬습니다. 고맙습니다.

남우희 선생님, 선생님의 빨간펜이 제 글을 섬세하게 해줬습니다. 선생님이 한번 봐줄 때마다 제 글이 쑥쑥 자라고, 살이 붙고, 선명해졌습니다. 덕분에 다른 사람들에게 읽힐 수 있는 모양새를 갖출 수 있었어요. 고맙습니다.

치유하는 글쓰기 박미라 선생님, 덕분에 제 글에 깊이와 넓이를 더할 수 있었습니다. 더 깊은 곳까지 내려가 퍼 올려야 하는 것을 알게 해줬어요. 고맙습니다.

한국성폭력상담소 《나눔터》에 실릴 원고를 매번 꼼꼼히 읽고, 맞춤법부터 내용과 구성까지 과외 선생님처럼 봐준 혜정. 그대가 나를 제외한 사람들 중 내 글을 가장 많이, 꼼꼼히 읽은 사람이에요. 고맙습니다.

전혀 알지 못하는 사이인데도 내 원고를 받아 읽어본 뒤 세 번씩이나 수정에 수정을 거듭하며 든든한 추천의 글을 써준 조국 교수님, 고맙습니다.

추천의 글을 부탁해줘 고맙다는 말을 듣기는 처음입니다, 이금희 님. 토닥토닥 따뜻한 언니의 추천의 말 한마디 한마디 잘 기억하겠습니다. 고맙습니다.

"영광이에요." 이렇게 말하며 추천의 글을 선뜻 써준 이미경 선생님, 오랜 시간 선생님으로, 동료로, 인생길 함께 나이들이기는 벗으로 저를 인정해줘서 제가 영광인걸요. 선생님이 써주신 축복 가득한 글, 참말로 고맙습니다.

술 먹고 깽판 놓고, 주체할 수 없는 분노로 찌르고 다녀도 받아주고 이해해주며 함께해준 직장 동료들에게 진심으로 고맙다고 말하고 싶은

데, 어떻게 해야 이 고마움을 전할 수 있을지. 고맙습니다. 나중에 맛있는 밥 꼭 한번 대접할게요.

"누나 책 내려고 해." 이렇게 말하는 누나. "이왕 쓰는 거 잘 써. 그리고 남자들이 많이 읽을 수 있게 써봐." 이렇게 격려해준 내 동생. 자신들도 상처가 깊을 텐데 나를 더 배려해주는 내 형제들, 그대들도 자유로워지기를 간절히 바랍니다. 함께 상처를 받고도 지금까지 그럭저럭 잘 살아줘서 진심으로 장합니다. 고맙습니다.

그동안 나를 사랑해주고 아껴준 헤어진 남자 친구 여러분, 고맙습니다. 만나는 동안 내 문제를 이해해주고 보듬어주려 노력한 그대들의 노고를 인정합니다, 진심으로. 제 속에 가진 고슴도치 가시로 푹푹 찌른 그 시간들, 미안합니다. 당신들을 통해 사랑도 배우고, 상처도 치유됐습니다. 어디서든 이 글 보고, 마음 풀기를, 평안하기를, 행복하기를. 그런데 저보다 좋은 여자는 못 만나기를.

내가 너무 사랑하고, 아끼는 친구. 실명을 쓰지 못해 아주 아쉬운, 그렇지만 그대는 알겠지요, 내 마음. 집 나와 고생할 때 내 곁에 있어주고, 기도로 마음 써준 당신에게 나는 평생 고마워할 겁니다. 고맙습니다.

제 글을 선뜻 책으로 엮어주겠다 한 이매진 출판사와 저보다 더 꼼꼼하게 제 글을 챙겨준 예원 님, 덕분에 덜렁거리는 제가 책을 낼 수 있었어요. 고맙습니다.

힘든 줄 모르고 힘든 시간 잘 살아준 영서야, 너 참 고맙다. 정말!

그리고 마지막으로 내 살아온 시간, 앞으로 살아갈 시간, 내가 글을 쓰고 있는 이 순간도 함께하는 친구 예수님, 진심으로 고맙습니다.

내 눈물에 찾아와준 빛들, 모두 참말로 고맙습니다.

2012년 7월, 조용한 동네 카페에서